플랜테리어 소품만들기

꽃 담은 와이어공예

정혜원

플로라

이 도서의 국립중앙도서관 출판예정도서목록(CIP)은 서지정보유통지원시스템 홈페이지(http://seoji.nl.go.kr)와 국가자료종합목록 구축시스템(http://kolis-net.nl.go.kr)에서 이용하실 수 있습니다. (CIP제어번호 : CIP2019034784)

플랜테리어 소품만들기
꽃 담은 와이어공예

발행일   2019년 10월 15일 초판1쇄 발행

지은이   정혜원
펴낸이   이지영

편 집   유건모
디자인   Design Bloom 이다혜

펴낸곳   도서출판 플로라
등 록   2010년 10월 1일 제2010-24호
주 소   경기도 파주시 회동길 325-22 301호
전 화   02.323.9850
팩 스   02.6008.2036
메 일   flowernews24@naver.com

ISBN 979-11-87261-85-8 13630

이책은 저작권법에 의해 보호받는 저작물이므로
도서출판 플로라의 서면 동의 없이는 복제 및 전사할 수 없습니다.

플랜테리어 소품만들기

꽃 담은
와이어공예

정혜원

플로라

들어가는 말

와이어로 꽃에 즐거움을 더하다

    습관처럼 배어버린 바쁜 일상에 잠깐 멈춤의 시간이 있었습니다. 늘 바쁘게 앞만 보고 달리니 사계가 어떻게 지나가고, 그 계절의 꽃들이 어떻게 피었다 지는지도 모르고 지내고 있었다는 걸 깨달았습니다.

    우연한 기회로 생활하게 된 일본은 저에게 많은 변화를 주었습니다. 계절이 바뀌는 모습이 눈에 들어오기 시작하고 그때마다 피어나는 꽃들이 너무나 아름다웠습니다. 그렇게 접하게 된 자연과 아담하게 꾸며진 집집마다의 작은 정원에 이끌려 꽃을 배우기 시작했습니다.

    플라워디자인 수업 과정에서 다룬 와이어가 식물과 잘 어울려 작업을 할 때마다 그 매력에 빠져들었습니다. 한국에 돌아와 블로그를 통해 식물을 좋아하는 많은 분과 소통하며 지냈는데, 베란다에서 식물을 굉장히 잘 키우고 있는 걸 보고 감탄했습니다. 내가 배운 플라워 디자인도 이분들이 함께 공감하고 즐겨줄 수 있었다면 좋겠다는 생각을 했습니다. 생활 속에서 꽃과 쉽게 친해질 수 있는 방법이 뭐 없을까 생각하다 간단하게 꽃을 꽂을 수 있도록 와이어 소품들을 만들어 보기 시작했습니다.

    와이어로 베란다 식물에 필요한 소품들을 만들고, 화분 식물에서 가지치기하고 남은 식물은 실내로 들여와 작은 공간에 와이어와 함께 꽂아둡니다. 이렇게 조금씩 식물을 실내로 들여와 꽂다 보면 언젠가는 집 앞 꽃집에서 생화를 사다 나만의 공간을 장식하는 날도 올 것입니다. 이렇게 조금씩 많은 분이 꽃과 일상에서 친해질 수 있었으면 하는 바람으로 이 책을 준비했습니다.

    이 책을 통해 조금이나마 식물을 일상에서 편하게 즐길 수 있기를 바랍니다.

정혜원

이 책의 구성

Part 1
와이어로 만든 디자인을 편하게 모아서 볼 수 있는 코너입니다. 단순히 와이어만 있는 것이 아닌 꽃과 식물을 함께 매치하여 다양성을 담았습니다. 또한 코너 속의 코너 '나도 플로리스트'에서는 사진 속 꽃과 식물 테크닉이 담겨있습니다.
이 코너에는 따라하기 과정이 있는 디자인과 없는 디자인으로 나뉩니다. 따라하기 과정을 통해 방법을 익힌 뒤 참고하여 스스로 만들어 볼 것을 추천합니다.

Part 2
와이어 꽃을 다루기 위한 여러 도구와 기본적인 테크닉에 대한 내용을 담았습니다.

Part 3
part 1에 소개한 디자인을 직접 만들어보는 코너입니다. 자세한 설명과 손그림으로 이해하기 쉽게 설명되어 있습니다.

들어가는 말   4

Part 1. 핸드메이드 플랜테리어 와이어소품

가드닝에서 그릇까지 활용도가 높은 와이어 바스켓

- 채소바구니   12
- 계절 꽃의 싱그러움을 담은 바구니   13
- 와인선물 타원형 바구니   14
- 사각바구니   15
- 장식용 라운드 바구니   16
- 플라타너스 그릇, 홀더로 활용하기   17
- 와이어망으로 만든 초록 바구니   18
- 나무 손잡이 컨테이너   19
- 그물망 컨테이너   20
- 와이어망 바구니   21
- 유리볼 행잉 바구니   22

한 송이 정원, 심플데코

- 유리병 지지대   24
- 실루엣 화기   25
- 벽걸이 선반에 올린 와이어화기   26

꽃을 더욱 아름답게 만들어주는 화분식물장식

- 곱슬버들로 멋을 낸 꽃 지지대, 한 송이 꽃 지지대   28
- 화분의 흙에 고정하는 꽃 지지대   29
- 테라스 가든 픽   30
- 새 모양 가든 픽1, 새 모양 가든 픽2   31
- 나비모양 가든 픽   32

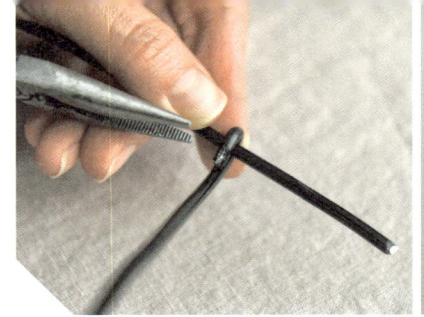

- 화분 전체를 감싸는 꽃 지지대   33
- 물방울 와이어 화기 장식   34

둥글고 네모난 와이어 리스

- 큐브 와이어 캔들 리스   36
- 사각형 와이어 리스   37
- 가을을 위한 테이블리스   38
- 둥근 와이어 리스   39

아기자기한 행잉소품

- 자연주의 꽃 걸이   41
- 드라이플라워 리스 & 새장   42
- 틸란시아 볼 모빌   43
- 행잉 미니 바스켓   44
- 새들이 노래하는 플라워 모빌   45
- 호박가든 웰컴 보드   46
- 빈티지 식물 장식 나무판   47
- 날개를 달아준 초록빛 와이어 화기   48
- 알파벳 갈런드   49
- 하트 그리너리 장식   50
- 앤티크 가드닝 소품   51

캔버스에 그린 와이어, 와이어에 담은 꽃

- 야옹이 액자 53
- 와이어 꽃다발 54
- 정육면체로 꾸민 캔버스 55
- 캔버스 풍경 56
- 테이블 위에 꽃 한 송이 57
- 캔버스를 활용한 플라워 디자인
  - 곱슬버들 플라워 액자 58
  - 여름정원 59
  - 입체 정원 60

이야기가 있는 와이어 소품

- 와이어 플라워 62
- 플라워 미니 홀더 63
- 인형 플라워 홀더 64
- 아기자기 미니주방 65
- 가든 테라스 66
- 꽃바구니 든 여인과 꽃 의자 67

분위기 있는 크리스마스 장식

- 꽃사슴 화기 69
- 와인 플라워 트리 70
- 아마릴리스 정원 71
- 입체 미니트리 72

자연에 빛을 달다, 플라워 인테리어

- 열매로 꾸민 전등갓　　　　　　　74
- 수국으로 꾸민 전등갓　　　　　　75
- 와이어 목걸이　　　　　　　　　76
- 그림자 화기　　　　　　　　　　77
- 리본 모양 꽃 지지대　　　　　　78
- 라인 라이트　　　　　　　　　　79
- 곡선의 미학　　　　　　　　　　80
- 그물망 행잉 화기　　　　　　　　81

나도 플로리스트

- 대나무 가지를 이용한 고정 방법　83
- 엽란을 이용해 플로랄 폼 감싸기　84
- 와이어망에 호엽란 엮기　　　　　85
- 꽃 세우기　　　　　　　　　　　86
- 이끼 볼 만들기　　　　　　　　　87
- 수태를 이용해 보습력 높이기　　　88
- 잎새란 볼 만들기　　　　　　　　89
- 와이어망에 꽃 꽂기　　　　　　　90
- 와이어망 스타일링　　　　　　　91

Part 2. 테크닉 와이어기초 꽃　　　　93

Part 3. 모든 과정을 따라 하기　　　　108

Part 1

핸드메이드 플랜테리어 와이어소품

가드닝에서 그릇까지 활용도가 높은
와이어 바스켓

01 채소 바구니

만드는 방법 108쪽 참조

02 계절 꽃의 싱그러움을 담은 바구니

나도플로리스트 83쪽 / 만드는 방법 109쪽 참조

03 와인 선물 타원형 바구니

나도플로리스트 84쪽 / 만드는 방법 110쪽 참조

| 04 | 사각 바구니

만드는 방법 111쪽 참조

05 장식용 라운드 바구니

만드는 방법 112쪽 참조

06 플라타너스 그릇

만드는 방법 113쪽 참조

07 홀더로 활용하기

잠깐만!

08 와이어망으로 만든 초록 바구니

나도플로리스트 85 쪽 참조

09 나무 손잡이 컨테이너

10 그물망 컨테이너

11 와이어망 바구니

12 유리볼 행잉 바구니

한 송이 정원, '심플데코

13 유리병 지지대

만드는 방법 114쪽 참조

14 실루엣 화기

만드는 방법 115쪽 참조

15 벽걸이 선반에 올린 와이어 화기

만드는 방법 116쪽 참조

꽃을 더욱 아름답게 만들어 주는
화분식물 장식

16 곱슬버들로 멋을 낸 꽃 지지대

만드는 방법 117쪽 참조

잠깐만!

17 한 송이 꽃 지지대
나도 플로리스트 86쪽 참조

| 18 | 화분의 흙에 고정하는 꽃 지지대

만드는 방법 118쪽 참조

19 테라스 가든 픽

만드는 방법 119쪽 참조

와이어 액세서리 미니 가든 픽

20 새 모양 가든 픽 1

21 새 모양 가든 픽 2

만드는 방법 120쪽 참조

만드는 방법 121쪽 참조

22 나비모양 가든 픽

공예용 와이어로 만든 새 모양의 픽은 곡선과 곡선이 부드럽게 연결되어 결속선으로 만들었을 때보다 풍부한 감성이 가득하다.

만드는 방법 122쪽 참조

23 화분 전체를 감싸는 꽃 지지대

24 물방울 와이어 화기 장식

둥글고 네모난 와이어 리스

25 큐브 와이어 캔들 리스

나도플로리스트 87쪽 / 만드는 방법 123쪽 참조

26 사각형 와이어 리스

나도플로리스트 88쪽 참조

27　가을을 위한 테이블 리스

28 둥근 와이어 리스

아기자기한 **행잉소품**

29 자연주의 꽃 걸이

만드는 방법 125쪽 참조

30 드라이플라워 리스 & 새장

만드는 방법 126쪽 참조

31 틸란시아 볼 모빌

만드는 방법 127쪽 참조

32 행잉 미니 바스켓

만드는 방법 128쪽 참조

| 33 | 새들이 노래하는 플라워 모빌

만드는 방법 130 쪽 참조

34 호박가든 웰컴 보드

만드는 방법 131쪽 참조

35 빈티지 식물 장식 나무판

만드는 방법 132쪽 참조

36 날개를 달아준 초록빛 와이어 화기

만드는 방법 133쪽 참조

37 알파벳 갈런드

38 하트 그리너리 장식

39 앤티크 가드닝 소품

캔버스에 그린 와이어, 와이어에 담은 꽃

40 야옹이 액자

만드는 방법 134쪽 참조

41 와이어 꽃다발

만드는 방법 135쪽 참조

42 정육면체로 꾸민 캔버스

43 캔버스 풍경

44 테이블 위에 꽃 한 송이

> 잠깐만!

캔버스를 활용한 플라워 디자인

45 곱슬버들 플라워 액자

45 여름 정원

45 입체 정원

이야기가 있는 **와이어 소품**

46 와이어 플라워

만드는 방법 136쪽 참조

47 플라워 미니 홀더

만드는 방법 137쪽 참조

48 인형 플라워 홀더

나도플로리스트 89쪽 참조

| 49 | 아기자기 미니주방

만드는 방법 138쪽 참조

50 가든 테라스

만드는 방법 139쪽 참조

51 꽃바구니 든 여인과 꽃 의자

분위기 있는 **크리스마스 장식**

52 꽃사슴 화기

만드는 방법 140쪽 참조

53 와인 플라워 트리

나도플로리스트 90쪽 참조

54 아마릴리스 정원

나도플로리스트 91쪽 참조

| 55 | 입체 미니트리 |

자연에 빛을 달다
플라워인테리어

56 열매로 꾸민 전등갓

만드는 방법 141쪽 참조

57 수국으로 꾸민 전등갓

만드는 방법 142쪽 참조

58 와이어 목걸이

만드는 방법 143쪽 참조

59 그림자 화기

만드는 방법 144쪽 참조

60 리본 모양 꽃 지지대

만드는 방법 146쪽 참조

61 라인 라이트

62 곡선의 미학

63   그물망 행잉 화기

나도 플로리스트

02 대나무 가지를 이용한 고정 방법 *page* 13

준비물 공예용 와이어 블랙(2mm), 수국, 소국, 잎새란

1 잎새란은 잎이 넓어 화기를 감싸기 좋은 소재이다.

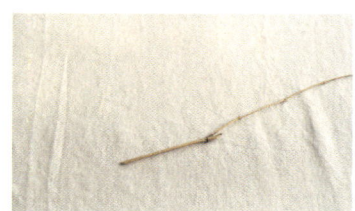

2 버려지는 대나무 잔가지는 모아 고정용 핀으로 사용한다. 다른 나뭇가지를 사용해도 좋다.

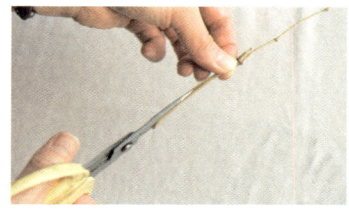

3 잎에 끼울 수 있도록 대나무를 절반 정도의 길이만 반으로 자른다.

4 유리잔에 잎새란을 감싸고 대나무 가지를 끼워준다.

| 03 | 엽란을 이용해 플로랄 폼 감싸기 | *page* 14 |

준비물 엽란, OPP, 양면테이프

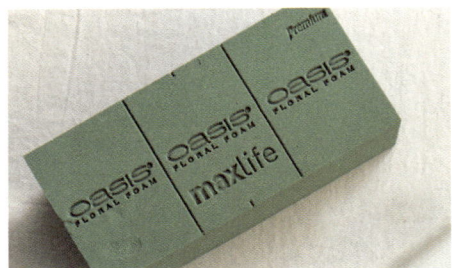

1 플로랄 폼은 흡수성 스폰지로 물을 머금게 해 꽃을 꽂으면 꽃이 오래간다.

2 물이 자연스럽게 흡수되도록 물 위에 살짝 띄워 놓는다. 차츰 가라앉으며 물이 천천히 흡수된다.

3 물이 완전히 흡수되도록 물에 담가두었다가 사용한다. 억지로 눌러서 물에 잠기게 하면 오랜 시간이 지나도 물이 제대로 흡수되지 않는다.

플로랄 폼 가려주기

물이 새는 것을 막기 위해서는 바구니 바닥에 꽃 포장용 비닐(OPP)을 깔고 플로랄 폼을 넣어야 한다. 비닐에 감쌀 때는 엽란 안쪽에 양면테이프를 붙여 사용한다. 바구니의 안쪽을 가리고 싶다면 엽란을 둘러준다. 바구니에 플로랄 폼을 넣고 꽃을 꽂을 때 플로랄 폼을 엽란으로 감싸면 내추럴한 느낌이 들어 꽃과 잘 어울린다.

08 와이어망에 호엽란 엮기

page 18

1 가로 25cm, 세로 30cm의 와이어망을 준비한다.

2 호엽란은 줄기가 가늘고 부드러운 소재이다.

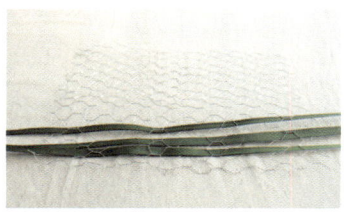

3 와이어망 사이사이에 호엽란을 얼기설기 엮는다. 촘촘히 엮지 않는다.

4 와이어망 전체를 호엽란으로 엮는다. 와이어망 좌우로 호엽란이 삐져나온 것을 볼 수 있다.

5 삐져나온 호엽란을 안쪽으로 접어 와이어망에 끼운다. 와이어망을 반으로 접고 옆 부분은 와이어망끼리 엮어서 바구니를 만든 다음 안쪽에 플로랄 폼을 비닐(OPP)에 감싸서 넣고 꽃을 꽂는다.

| 17 | 꽃 세우기

준비물 곱슬버들, 튤립

1 곱슬버들은 가지가 유연하고 잔가지로 엮어줄 수 있어 둥근 형태의 리스를 만들 때 유용한 소재이다.
가지가 두꺼운 부분은 엄지손가락 안쪽을 대고 천천히 힘을 가해 곡선 모양을 만든다.

2 화기 좌우 폭에 맞게 나뭇가지를 자르고 꽃을 끼울 수 있도록 반을 갈라준다.

3 나뭇가지를 3개 이용하면 더 확실하게 세울 수 있다. 화기의 가로 폭 길이로 자른 나뭇가지를 3개 준비한다. 나뭇가지 2개는 화기 위아래로 넣어주고 줄기가 들어갈 정도로 틈을 주고 그 옆으로 나머지 나뭇가지를 끼워준다. 이렇게 하면 양쪽에서 잡아줘서 한쪽으로 기울지 않는다.

4 나뭇가지를 2개만 사용하면 기울어지기 쉽다.

25 이끼 볼 만들기

page 36

1 손 안에 들어갈 정도의 배양토를 비닐에 담아 둥글게 만든다.

2 볼 전체를 젖은 이끼로 감싸주고 초록색 실로 고르게 감는다.

3 나뭇가지로 다육식물 뿌리가 들어갈 자리를 파준다. 다육식물을 심은 다음에는 손으로 잘 눌러 공간을 메운다.

Tip. 이끼 볼에 심은 식물을 잘 키우려면?
- 뿌리가 있는 식물을 오래 키우기 위해서는 이끼볼을 만들 때 비닐을 넣지 않는다.
- 배양토에 물을 충분히 머금게 하고 뿌리 식물을 배양토로 잘 감싸며 볼을 만들어 준다.

26　수태를 이용해 보수력 높이기　　*page* 37

1 건조된 상태로 판매되는 수태는 백태라고도 하며 보수력과 배수력이 뛰어난 이끼로 플로랄 폼을 사용할 수 없을 때(꽃을 꽂는 자리가 얇아서 플로랄 폼을 사용할 수 없는 경우) 사용한다.

2 사용하기 전에 분무기로 물을 분사해 물기를 머금게 한다.

3 자작할 정도로 물에 담가둔다.

4 와이어망에 물기를 적당히 짜낸 수태를 올린다.

5 초록색 실로 수태를 감아 철망에 고정한다.

6 수태에 꽃을 꽂으면 잘 들어가지 않는다. 나뭇가지로 줄기가 들어갈 자리에 구멍을 내면 쉽게 꽂을 수 있다.

7 수태가 얇다고 줄기를 너무 짧게 자르면 안된다. 꽃이 빠지지 않을 정도로 조금 길게 잘라준다. 꽃 의자(p.141)를 만들 때도 이와 같이 수태를 활용한다.

48 잎새란 볼 만들기

page 89

1 잎새란을 가늘게 갈라줄 침봉을 준비한다. 침봉은 꽃을 꽂아 세우는 도구이다.

2 잎새란을 바닥에 놓고 침봉으로 꾹 눌러준 다음 잎새란을 당겨준다.

3 여러 번 반복해 실처럼 가늘게 만든다.

4 털실을 뭉치듯 잎새란을 둥글게 감아 볼을 만든다.

잎새란 볼은 인테리어 활용도가 높다. 다양하게 꾸며보자.

53 와이어망에 꽃 꽂기

page 70

1 가로 38cm, 세로 25cm의 와이어망으로 원뿔을 만든다.

2 병뚜껑 위로 와이어망이 여유 있게 올라오도록 한다.

3 15cm정도의 길이로 자른 식물을 원뿔의 정점이 되는 곳에 길게 꽂는다.

4 위쪽은 날렵한 느낌을 위해 세로로 식물을 꽂는다.

5 아래쪽은 풍성한 느낌을 주어야 하므로 가로로 꽂는다.

54 와이어망 스타일링

page 71

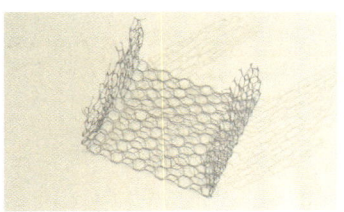

1 가로세로 30cm의 와이어망을 준비한다.

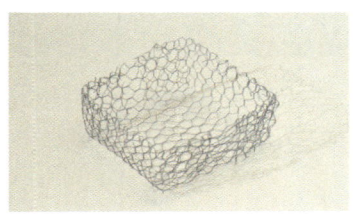

2 바닥이 가로세로 15cm가 되도록 와이어망의 네 면을 7.5cm씩 접어 올린다.

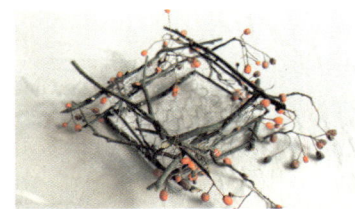

3 빨간 열매를 가로로 엮으면 내추럴한 화기가 된다.

4 안쪽에 이끼를 깔아준다. 이끼는 흙이 빠져나가지 않도록 막아준다.

5 배양토를 담아준다. 그 다음 식물을 심고 이끼를 덮어준다. 굵은 나뭇가지나 돌을 얹으면 한층 자연스럽다.

Part 2

와이어 기초 꽃

철사의종류

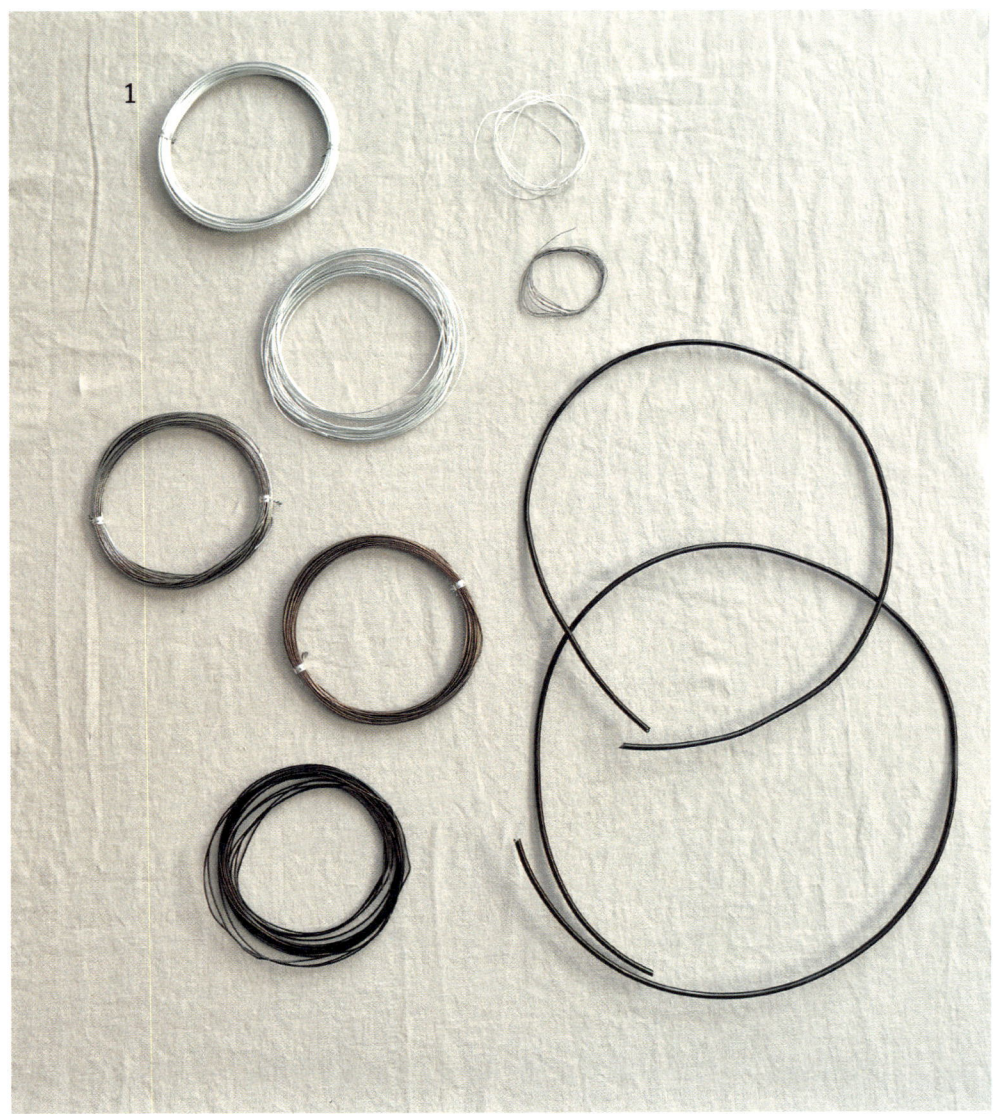

1 공예용 철사

공예용 철사는 휘어짐이 좋아 와이어공예, 비즈공예, 화훼고정용으로 많이 사용한다.
0.7~3mm 굵기가 주로 쓰이며 식물과 어울리기 위해서는 무광의 실버, 엔틱, 블랙 컬러를 사용하는 것이 좋다.

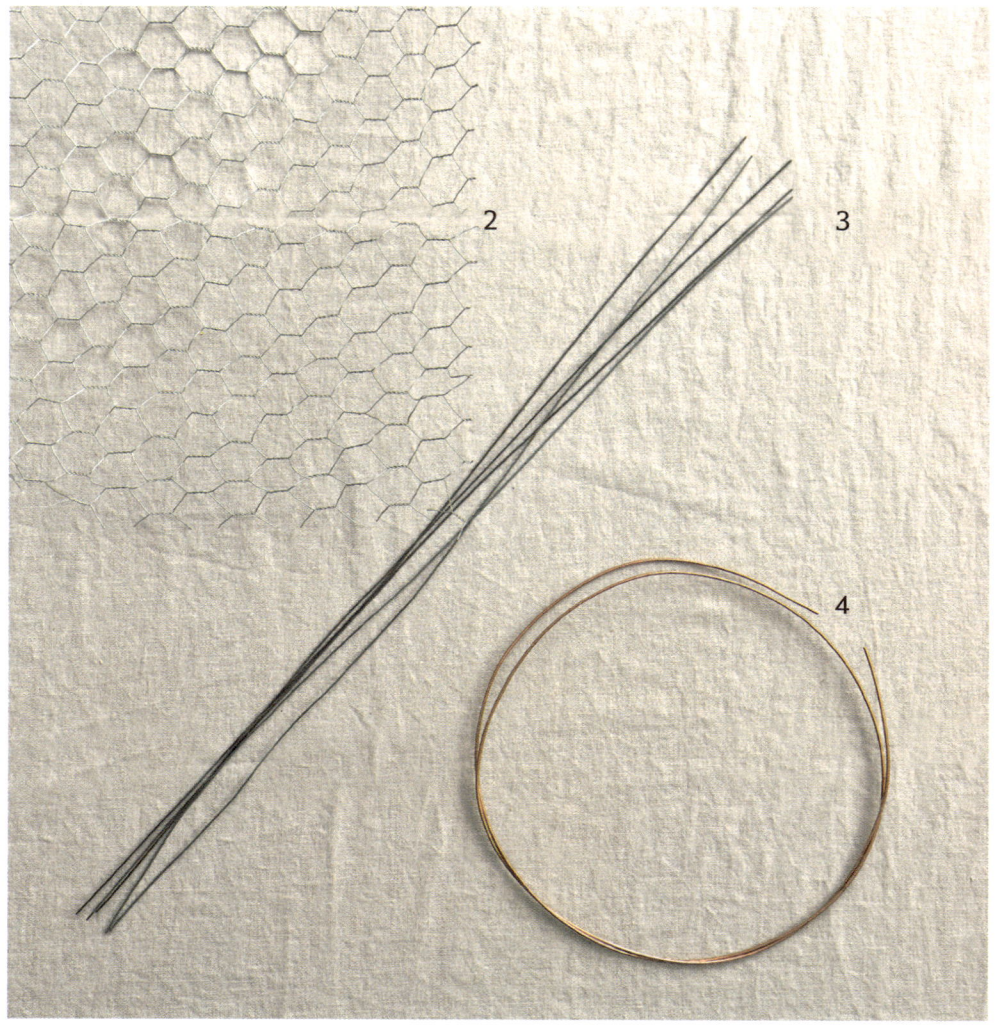

2 **와이어망(치킨망)**
철사들이 서로 얽혀 마름모꼴 무늬를 갖는 와이어망은 이끼와 함께 미니 가드닝을 만들 때 사용한다.

3 **결속선**
결속선은 굵기에 비해 단단해서 라인을 잡기 좋다. 매트한 질감이 식물과 잘 어울린다.
공예용 철사와 달리 겉면이 가공되어있지 않아 물이 닿으면 부식현상이 일어나므로 주의한다.

4 **적동선**
색이 고급스러워 상품가치가 높으나 경도가 높아 구부릴 때 열을 가해야 하는 경우가 있다. 미술 재료상 또는 인터넷에서 구입할 수 있다.

도구

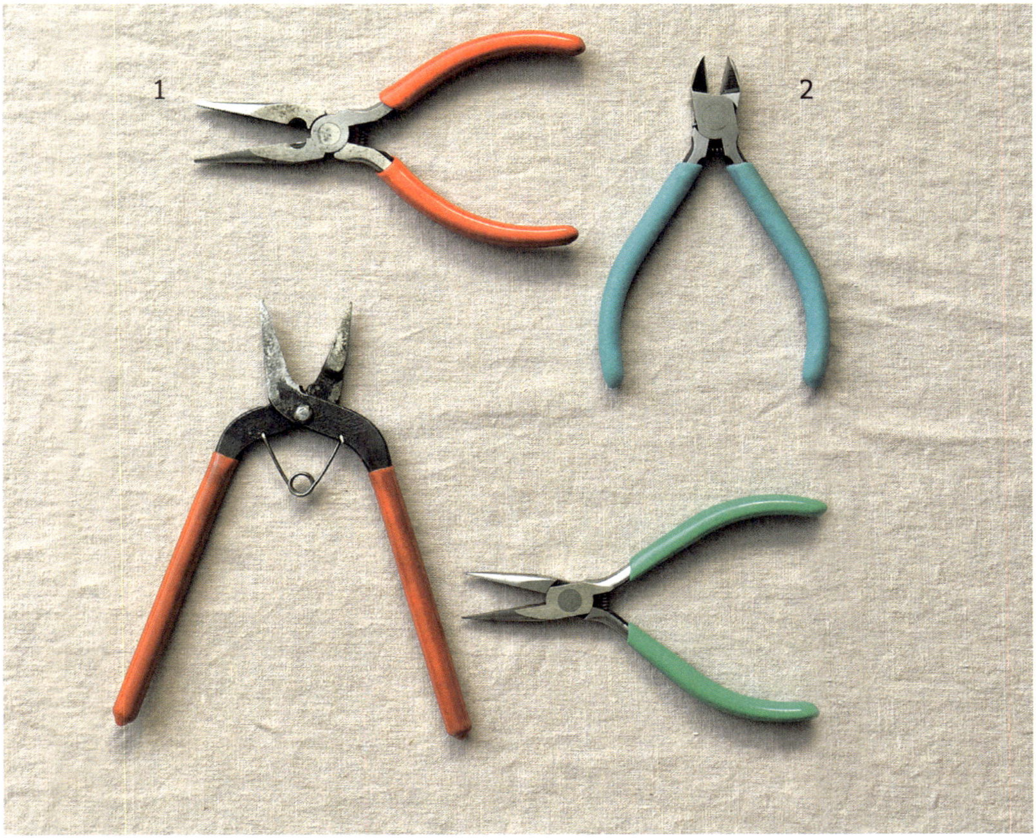

1 롱로우즈 펜치
철사를 구부리고 물리는데 사용되며 뒷날 부분으로는 철사를 자를 수 있다. 얇은 철사를 구부리는 작업이 많기 때문에 없어서는 안 되는 도구이다.

2 니퍼
철사를 자르는데 사용한다. 롱로우즈 펜치로 잘라도 되지만 따로 사용하는 것이 편리하다.

집게 안쪽에 주름이 있는 펜치는 미끄럽지 않아 결속선을 다루는데 좋지만 공예용 철사를 눌러줄 때는 철사 외피가 벗겨지지 않도록 조심해야 한다.

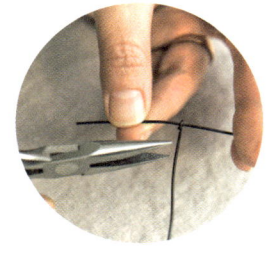

공예용 철사를 사용할 때는 집게 안쪽에 주름이 없는 펜치를 사용하는 게 좋다.

꽃 작업에 필요 도구

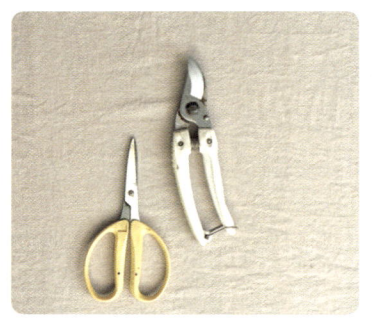

전지가위, 꽃 가위

침봉, 와이어, 마 끈

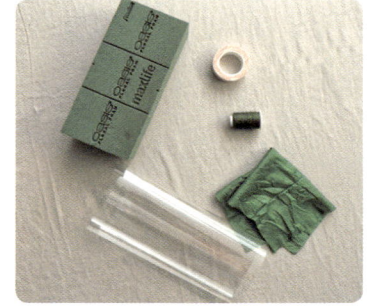

플로랄 폼, 색실, 양면테이프,
물티슈, 꽃 포장용 비닐(OPP)

식물

화분식물

절화

드라이플라워

부재료

유리병, 유리잔, 유리 볼, 비커, 시약병
유리 소재는 투명해서 와이어 선이 돋보이기 때문에 와이어 공예와 잘 어울린다.

접시, 화기
와이어 소품을 올려놓거나, 식물을 담아 연출한다.

우드박스
가드닝할 때 흙을 담고 식물을 심는 데 사용한다.

원목, 나뭇가지, 원목 손잡이
나무의 따뜻한 느낌이 철사의 차가움을 보완해준다.

캔버스, 원목 액자

하얀 캔버스가 와이어의 선을 잘 살려주어 벽걸이 소품에 가장 잘 어울리는 재료이다.

수성페인트, 스텐실 도구

스텐실은 소품에 개성을 불어넣는다.

전구, 소켓, 캔들

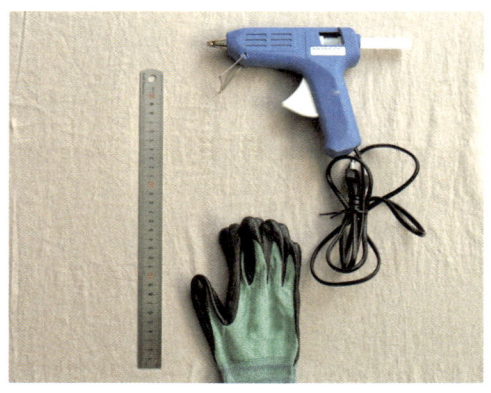

글루 건, 눈금자, 원예용 장갑

와이어의 기초-테크닉

선과 선이 만나서 공간이 되고 사물이 되기 위한 기초적인 방법을 소개한다.

공예용 와이어 일자로 펴기

시중에 판매되는 공예용 와이어는 둥글게 말려서 나오기 때문에 직선으로 잘 펴서 사용해야 한다.

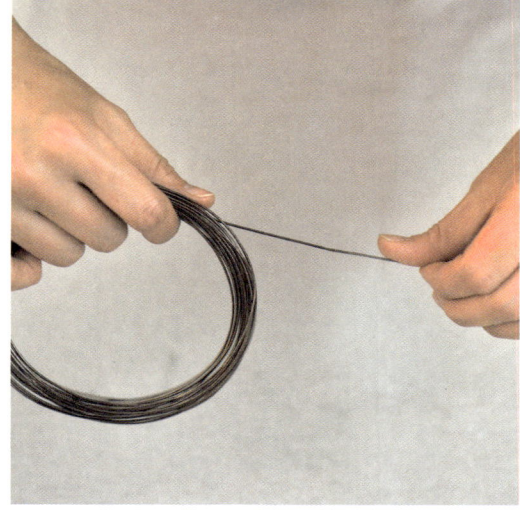

와이어를 잡고 털실을 푸는 듯 와이어를 조금씩 당기면서 펴준다.

선 고정하기

와이어의 끝을 U자로 구부려 고정할 곳에 걸고 꼭 집어준다. 이 방법은 와이어 소품을 만드는데 가장 많이 사용되므로 여러 번 연습하고 시작하자.

직선 고정

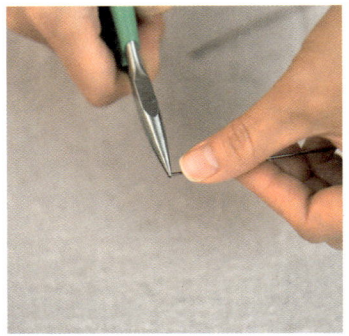 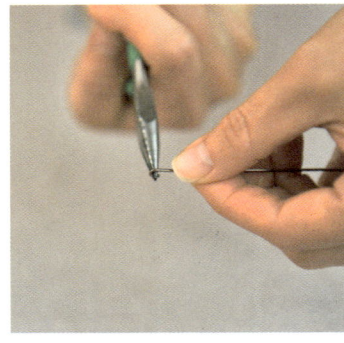 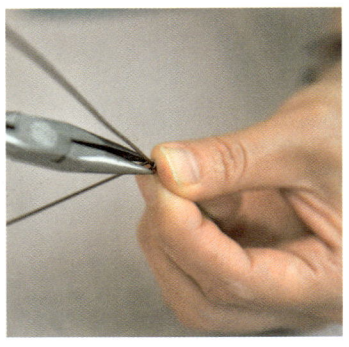

U자로 구부릴 때 1mm 두께의 와이어를 이용한 소품은 끝에서 0.3cm 부분에서 구부려 준다. 이것을 기준으로 사용하는 와이어의 두께에 따라 U자로 구부리는 부분을 조금씩 늘려준다.

롱로우즈 펜치로 와이어의 한쪽 끝을 구부려 U자로 만든다.

연결할 와이어에 걸고 롱오루즈 펜치로 집어 고정한다.

원형 고정

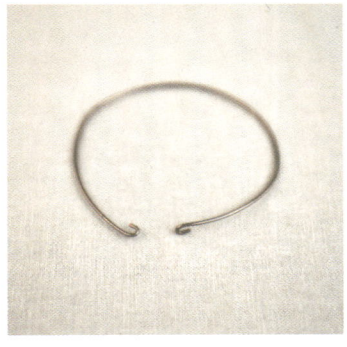 

원형을 만들 때는 양끝의 U자가 십자로 연결되므로 U자 방향을 다르게 한다.

양끝을 십자로 걸어 롱로우즈 펜치로 집어준다.

직각으로 구부리기

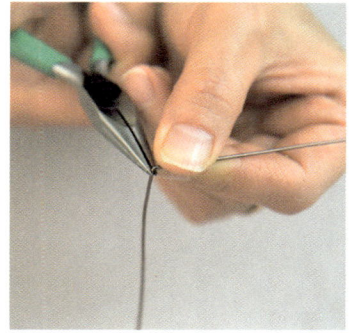

직각으로 구부릴 부분을 롱로우즈 펜치 끝으로 잡고 엄지손가락을 펜치 바로 옆에 갖다 댄다. 엄지손가락이 떨어져 있으면 직각이 아닌 둥글게 구부러진다.

롱로우즈 펜치로 꺾어준다. 직각은 딱 떨어지게 꺾어야 원하는 모양이 잘 나오기 때문에 둥글게 되지 않도록 주의한다.

원 만들기

원을 만들 때 손으로 구부리면 모양이 제대로 나오지 않으므로 지름에 맞는 유리잔 또는 유리병을 이용해 원을 만든다.

원하는 지름이 나오는지 눈금자로 확인하고 U자로 구부릴 여유분을 남겨놓고 와이어를 잘라낸다.

반원을 만들 때도 유리병을 이용하면 편리하다.

나선 만들기

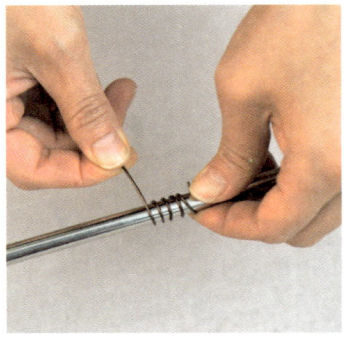

원하는 굵기의 둥근 볼펜이나 봉에 와이어를 감아 나선을 만든다. 조금 느슨하게 와이어를 감아야 뺄 때 모양을 망가뜨리지 않을 수 있다.

와이어 끝 말아주기

끝 부분을 말아서 모양을 낼 때는 펜치로 와이어의 끝 부분을 잡아서 자연스러운 나선이 만들어 지도록 한다.

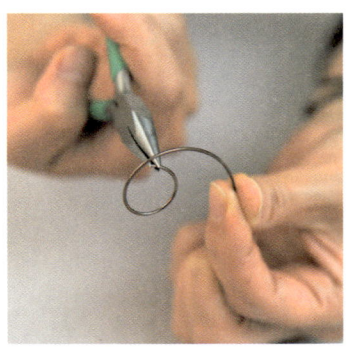 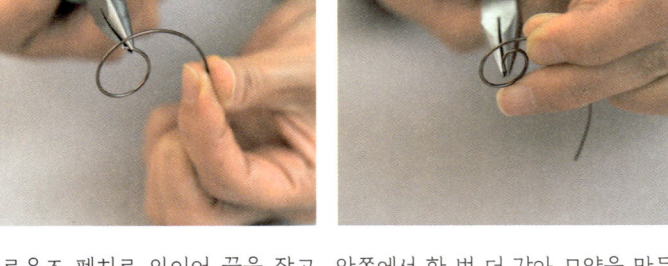 

롱로우즈 펜치로 와이어 끝을 잡고 돌려준다. 둥글게 말아주기 위해서는 펜치와 떨어져서 와이어를 잡아준다.

안쪽에서 한 번 더 감아 모양을 만든다.

완성된 모습

꼬아주기

와이어끼리 얼기설기 엮어가며 망을 만들 때는 두 개의 와이어를 교차해 꼬는 것을 반복한다.

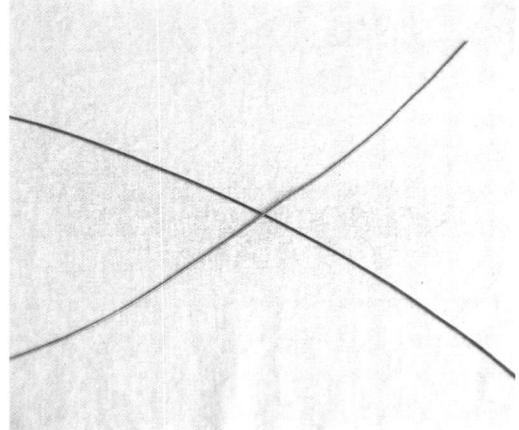

두 개의 와이어를 X자 교차시킨다.

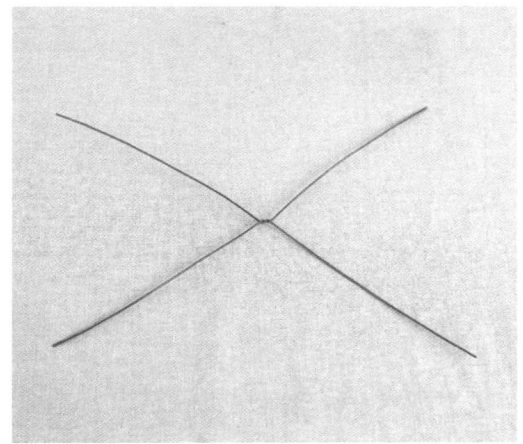

두 개의 와이어를 꼬아준다.

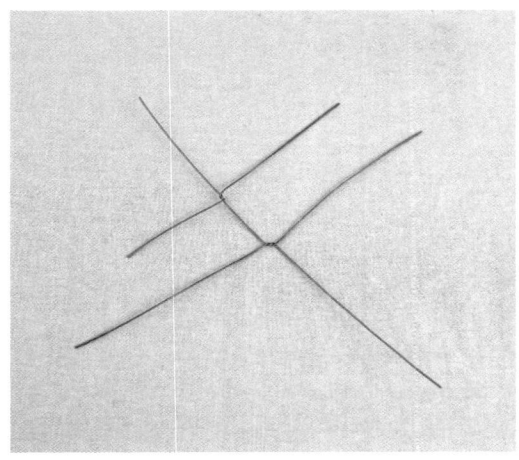

다른 와이어를 가져와 X자로 교차한 다음 꼬아준다.

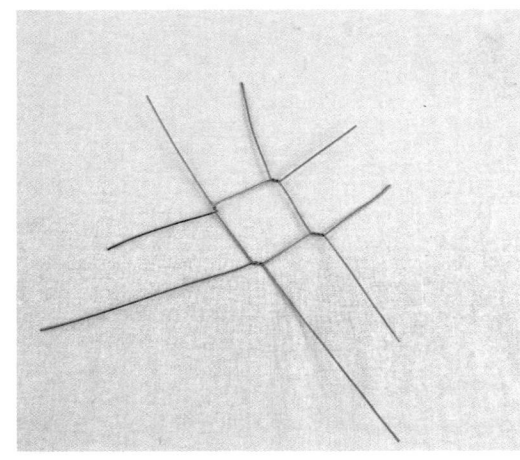

반복하여 꼬아주면 철망이 만들어진다.

와이어망 만들기

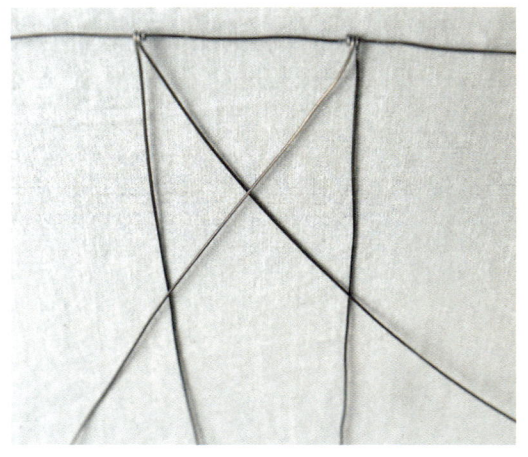

가로 선에 세로로 두 개의 와이어를 직선으로 고정한 것 (와이어로 바구니 만들 때 이런 모양이 나옴)에 X자로 와이어를 걸어준다.

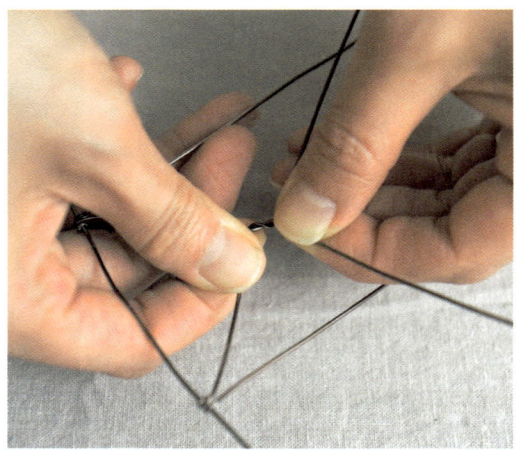

교차한 두 와이어를 두 번 꼬아준다.

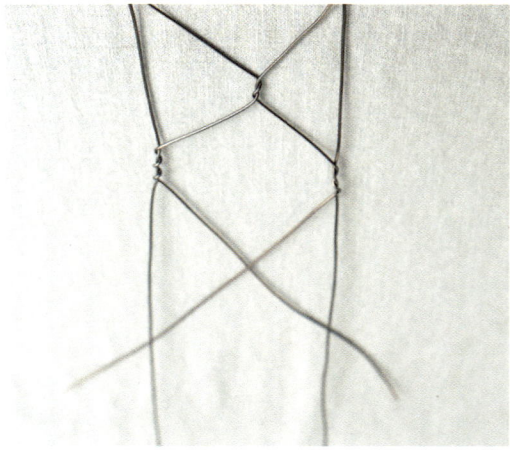

다시 벌려 옆 세로선에 두 번 꼬아준 다음 교차시켜 다시 꼬아주는 것을 반복한다.

와이어공예를 시작하기 전에 알아두면 좋은 식물의 기초

절화관리 이렇게 하자

절화는 식물의 뿌리부분을 잘라낸 것으로 꽃꽂이할 때 사용된다. 꽃집에서 구입한 꽃을 좋은 상태로 오래 즐기기 위해 몇 가지 기본적인 관리 방법을 알아두기로 하자.

화기가 지저분하면 절화의 수명이 짧아진다. 화기는 깨끗이 씻고 거꾸로 엎어 말린다.

시든 잎을 잘라낸다. 꽃꽂이 할 때는 사용할 부분의 잎 부분만 남기고 제거해준다.

잎이 물에 닿으면 잎이 무르면서 물을 탁하게 하고 물에 세균이 발생하여 꽃의 물올림이 나빠진다.

줄기 끝을 사선으로 자르면 물과 닿는 면적이 넓어져 수분공급에 유리하다.

화병에 꽃을 장시간 보관하면 줄기가 물러지고 단면에 미끈한 점액이 생겨 물올림이 나빠지기 때문에 꽃이 금방 시든다. 하루에 한 번씩 물을 갈아주고 줄기를 잘 씻어낸 후 <u>줄기 끝 2~3cm을 사선으로 잘라주면</u> 꽃을 오래 볼 수 있다.

계절을 타지 않는 꽃, 드라이플라워

꽃다발이나 꽃바구니 등의 선물을 받으면 꽃이 금방 시들어 버려 꽃을 꺼리는 사람들이 종종 있다. 선물 받은 꽃이나 화원에서 산 꽃, 화분 식물에서 잘라낸 꽃을 자연스럽게 말려보자. 드라이플라워는 빈티지한 색감을 낼 수 있으며 산국은 말려도 은은한 향이 그대로 남아있어 포푸리로 사용해도 좋다.

- 통풍이 잘되고 그늘진 곳에서 거꾸로 매달아 자연 건조시킨다.
- 드라이플라워로 적당한 꽃은 수국, 종이꽃, 안개꽃, 소국, 천일홍, 핑크와 옐로 계열의 장미, 시네신스 등이 있다.
- 2주 정도 잘 말린 드라이플라워는 와이어 소품에 다양하게 꽂을 수 있고 오래 볼 수 있어서 그린인테리어 소품을 제작할 때 활용하기 좋다.

가벼운 마음으로 곁에 둘 수 있는 다육식물

물주기를 잘 못해 식물을 자주 죽인다는 사람들이 꽤 많다. 이럴 땐 다육식물에 도전해보자. 물론 다육식물도 관리가 많이 필요한 식물이지만 예민한 식물에 비해서는 가벼운 마음으로 시작할 수 있다.

와이어 소품과 잘 어울리는 다육식물은 꽃을 자주 바꾸기 어려운 경우나 화분 식물을 곁에 두고 오래 키우고 싶을 때 추천한다. 특히 와이어 소품에 사용할 때는 물 빠짐 구멍이 없는 화기를 사용하기 때문에 물을 자주 주지 않는 다육식물이 더욱 알맞다.

Part 3

와이어로 뚝딱, 뚝딱
모든 과정을
따라 하기

01 채소 바구니

page 12

2.5mm 공예용 와이어를 이용하여 바구니를 만들어서 많은 내용물이 담겨 있어도 안정감을 줄 수 있다.

준비물 공예용 와이어 블랙(2.5mm)

1 60cm 길이의 와이어로 가로 24cm, 세로 10.5cm 지름의 타원(바구니 위쪽)을 만든다. 40cm 길이의 와이어로 가로 14.5cm, 세로 9cm 지름의 타원(바스켓 바닥)을 만든다.

2 바구니 입구가 될 타원과 바닥 타원을 이어줄 28cm 길이의 와이어 1개와 18cm 길이의 와이어 1개를 그림과 같이 입구와 바닥 타원에 고정한다.

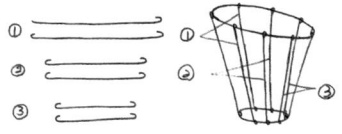

3 26cm 길이의 와이어 2개, 24cm 길이의 와이어 2개, 21cm 길이의 와이어 2개를 준비해 양끝을 U자로 구부린다. 그림의 순서대로 같은 사이즈의 와이어를 순서대로 고정한다

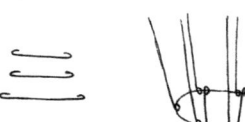

4 바닥에 들어갈 11.5cm 길이의 와이어 1개, 10.5cm 길이의 와이어 2개를 준비하고 양 끝을 U자로 구부린다. 11.5cm 길이의 와이어를 중앙에 고정하고, 10.5cm 길이의 와이어 2개는 양쪽에 각각 하나씩 고정한다.

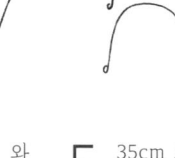

5 35cm 와이어 2개를 구부려 손잡이 모양을 만들고 입구 부분에 U자 고정한다. 완성된 바구니의 세로 라인은 안쪽으로 조금씩 넣어주며 모양을 잡는다.

02 계절 꽃의 싱그러움을 담은 바구니 *page* 13

선에서 선으로 이어져 만들어지는 와이어 바구니는 투명한 유리처럼 시원함을 느끼게 한다.

준비물 공예용 와이어 블랙(2mm)

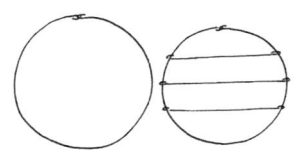

1 지름 13cm(입구 부분), 10.5cm(바닥 부분)의 원을 만들고, 10.5cm 원은 3개의 와이어로 바닥을 가로로 이어준다. 지름이 10.5cm면 U자로 구부릴 여유분 2cm를 더해서 잘라준다.
(두께 2mm, 2.5mm 와이어 사용 기준)

2 화분을 꾸며줄 와이어를 10cm 길이로 6개, 13cm 길이로 6개를 준비하고 그림과 같이 구부린다.

3 지름 13cm의 원에 2의 와이어를 U자 고정한다.

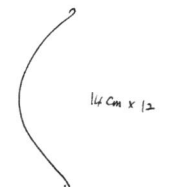

4 화분의 기둥이 될 14cm 길이의 와이어 12개를 준비해 그림과 같이 구부린다.

5 입구의 원과 바닥의 원을 4의 와이어로 U자 고정한다.

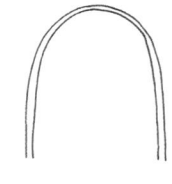

6 40cm 길이의 와이어 3개를 준비하고 2개는 손잡이용으로 구부리고, 나머지 1개는 둥근 봉을 이용해 나선을 만들어 손잡이에 끼운다.

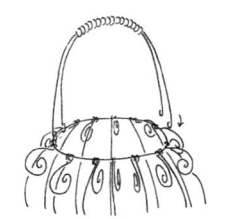

7 손잡이 끝을 U자로 구부려 화분의 입구 부분 원에 고정한다.

03 와인 선물 타원형 바구니

page 14

바구니를 독특하게 만들기 보다는 꽃과 잎으로 선물의 성격에 맞게 장식해보자.

준비물 공예용 와이어 블랙(2.5mm, 1mm)

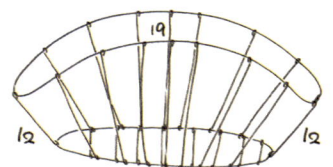

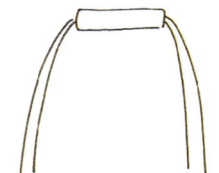

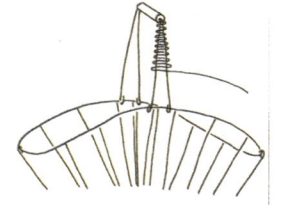

1 107cm 길이의 와이어로 폭 지름 19cm의 타원을 만들고 71cm 길이의 와이어로 폭 지름 15cm의 타원을 만든다. 타원입구와 타원바닥을 이어주는 양 끝은 12cm, 가운데는 19cm가 되도록 기준을 잡고, 나머지 12개의 와이어는 사이즈에 맞게 잘라 U자 고정한다. 바닥 지름 가운데 15cm에 맞게 17cm의 와이어를 잘라 U자 고정하고 나머지 6개의 와이어는 사이즈에 맞게 잘라 U자 고정한다.

2 52cm 길이의 와이어 2개로 손잡이를 만드는데 나무 손잡이를 이용해 와이어를 통과시킨다. 양끝은 U자로 구부려 바스켓 입구에 고정한다.

3 1mm 굵기의 와이어를 이용해 손잡이 옆 부분을 지그재그로 이어주며 면을 채워준다.

04 사각 바스켓

page 15

준비물 공예용 와이어 실버(3mm, 1mm)

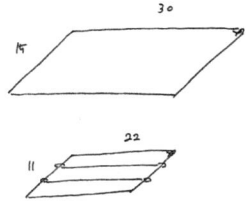

1. 가로 30cm, 폭 15cm의 직사각형(바스켓 입구)과, 가로 22cm, 폭 11cm의 작사각형(바스켓 바닥)을 만든다. 25cm 길이의 와이어 3개를 바스켓 바닥에 가로로 이어 U자 고정한다.

2. 18cm 길이의 와이어 16개를 준비하고 먼저 입구와 바닥의 직사각형 네 모퉁이에 높이 15cm가 되도록 U자 고정한다. 가로면 앞뒤로 와이어 4개, 양옆에 2개씩 나누어 고정한다.

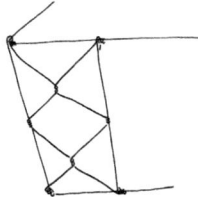

3. 35cm 길이의 실버 와이어(두께 1mm)를 2개씩 준비해 그림과 같이 철망 모양으로 꼬아준다. 나머지도 같은 방법으로 철망 모양을 만든다.

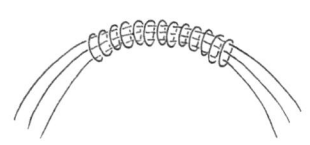

4. 50cm 길이의 와이어 3개를 준비해 그림과 같이 구부리고 40cm 길이의 와이어로 굵은 나선을 만들어 안에 끼운다.

5. 만들어진 손잡이 부분은 각각의 와이어 양끝을 U자로 구부리고 바스켓 입구 부분에 걸어 고정한다.

05 장식용 라운드 바구니

page 16

반타원 모양을 여러 겹 겹쳐 만든다. 영자신문포장지 위로 드라이된 장미와 캔들을 담으면 분위기가 살아난다.

준비물 결속선, 영자신문포장지, 드라이플라워, 캔들

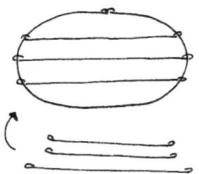

1 지름 12cm의 원을 만든다. 12.5cm 길이의 와이어 1개, 11.5cm 길이의 와이어 2개로 바닥을 만든다. 양끝을 U자 고정한다.

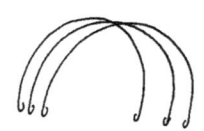

2 18cm 길이의 와이어 24개를 준비하고 3개씩 그림과 같이 구부린다.

3 지름 12cm의 바닥 원에 준비해둔 2의 와이어를 3개씩 같은 위치에 U자 고정한다. 반지름은 8cm가 적당하다. 반원을 고정한 후 다음 반원은 첫 반원의 가운데에서 고정한다.

4 42cm 길이의 와이어 4개를 준비한다. 3개는 손잡이용으로 구부리고 나머지 1개는 둥근 봉을 이용해 나선을 만들어 손잡이에 끼운다.

5 손잡이 끝을 U자로 구부려 화분의 입구 원에 고정한다.

06 홀더로 활용하기

준비물 결속선, 에나멜선(0.35㎜)

page 17

1 플라타너스와 몬스테라 잎을 스케치 한 후 잎 모양대로 와이어로 형태를 잡고 잎맥을 만든다.

2 잎이 모아지는 곳에서 줄기를 만들어 주고 0.35mm 굵기의 에나멜선으로 감는다.

13 유리병 지지대

page 24

3mm 공예용 와이어를 이용해 감각적인 스타일의 화기를 제작한다.

준비물 공예용 와이어 3mm, 시약병, 유리병

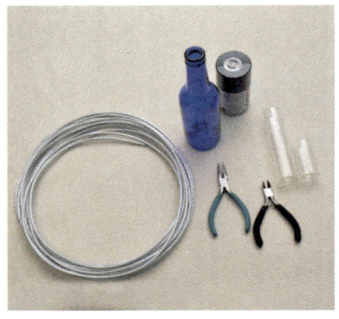

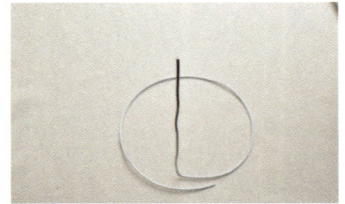

1 길게 뻗어 올라가는 느낌을 줄 수 있도록 사이즈를 정하고 바닥에 닿을 부분에서 펜치로 90도 각도로 꺾어준다.

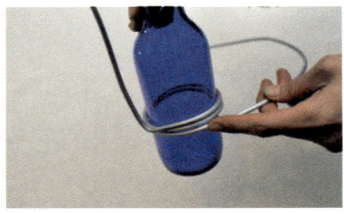

2 바닥에 고정하기 위해서 유리병으로 이중 원을 만든다.

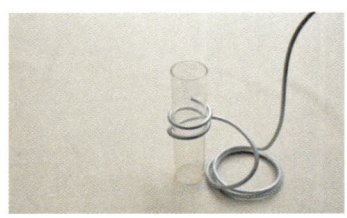

3 원을 만들고 난 나머지 와이어를 이용해 비커에 감아준다.

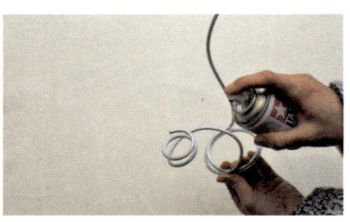

4 와이어의 색상을 바꾸고 싶을 땐 컬러 스프레이를 이용한다.

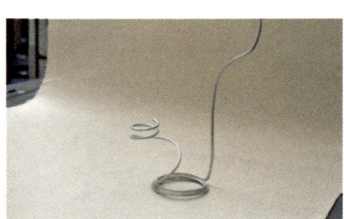

5 여러 개를 만들어 함께 모아 꽃을 꽂아 놓으면 보기에 더 좋다.

14 실루엣 화기

page 25

결속선의 실루엣은 펜화 같은 느낌을 준다.

준비물 결속선, 유리병

1 유리병의 위쪽과 아래쪽에 와이어를 둘러 이중으로 원을 만든다.

2 U자로 구부릴 수 있도록 0.5cm씩 남겨놓고 원의 양쪽 끝을 잘라준다. 사용한 유리병 지름보다 1cm정도 넓게 만든다. U자로 고정한다.

3 와이어 2개를 유리병에 대고 모양을 잡는다.

4 높이또한 사용할 유리병 높이보다 0.5cm정도 높게 만든다. 양끝은 U자로 구부린다.

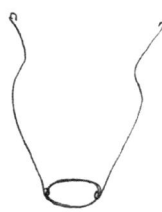

5 먼저 바닥을 U자로 고정한다.

6 위쪽을 고정한다.

15 벽걸이 선반에 올린 와이어 화기

나무판을 와이어에 걸고 와이어 화기를 만들어 올린다.

준비물 나무판, 결속선, 유리병

1 원지름 4.5cm의 와이어와 원지름 9cm의 원을 만들어 U자 고정한다.

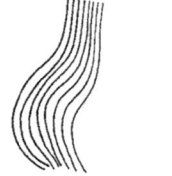

2 19cm 길이의 와이어 16개를 준비한다. 16개의 와이어로 그림과 같이 곡선을 만든다.

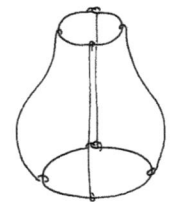

3 지름 4.5cm의 원과 지름 9cm의 원을 준비하고 19cm 길이의 와이어로 각각 이어준다. 균등한 넓이로 와이어를 고정하려면 우선 와이어 4개를 비율에 맞게 4등분해서 고정하는 것이 좋다.

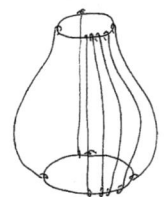

4 남은 12개의 와이어를 3개씩 나누어 4등분된 와이어 사이에 넣고 고정한다.

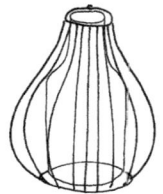

5 유리화기를 완성된 와이어에 넣어준다.

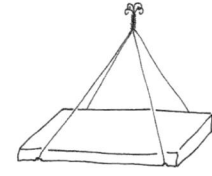

6 35cm 길이의 나무판 바닥 양끝 5cm 안쪽에 와이어가 걸릴 수 있도록 홈을 파준다.45cm 2줄을 이어줌) 2개를 나무판 양쪽 홈에 걸고 중심이 되는 부분에서 모아 5cm를 남겨두고 감아준다. 남은 끝 부분은 그림과 같이 말아준다.

16 곱슬버들로 멋을 낸 화분 지지대   *page* 28

결속선으로 만든 화분 지지대이다. 가볍기 때문에 지지대라기보다는 장식물에 가까워 화분 뿐 아니라 화기에 사용해도 좋다. 멋을 내기위해 곱슬버들로 화분을 감아준다.

준비물 결속선, 곱슬버들, 화분(지름10.5cm 가량)

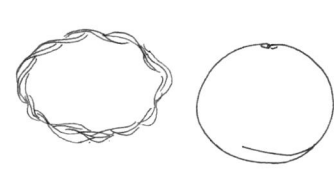

1 화분지지대 바닥이 될 원을 화기 지름에 맞게 만든다. 곱슬버들도 같은 사이즈로 원을 만든다.

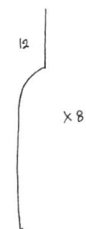

2 45cm 길이의 결속선을 12cm 되는 곳에서 45도로 꺾고 그림과 같이 곡선을 만든다. 같은 모양으로 8개를 준비한다.

3 준비된 곱슬버들 사이사이로 2에서 만든 8개의 와이어를 통과시킨다. 그리고 1에서 만든 원에 U자 고정한다.

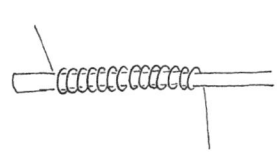

4 35cm 길이의 와이어를 지름 0.5cm 정도의 얇은 봉에 감아 나선을 만든다.

5 얇은 봉에 감은 와이어에 꼭지 부분의 직선 와이어 8개를 끼우고 흔들리지 않도록 나선을 조인다.

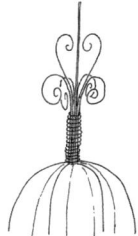

6 8개의 와이어 중 4개는 아래쪽을 향하도록 자연스러운 곡선을 만들어 구부리고 2개는 위로 향하게 구부린다. 나머지 2개는 그대로 둔다.

18 화분의 흙에 고정하는 꽃 지지대

page 29

잎이 사방으로 퍼지는 식물에는 지지대가 필수이다. 흙에 와이어를 고정하는 지지대로 반듯하게 모양을 내기보다는 투박하게 자연스러운 멋을 내보자.

준비물 공예용 와이어 블랙(2.5mm)

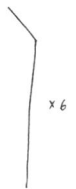

1 60cm 길이로 자른 와이어 6개를 준비하고 17cm 되는 곳에서 45도로 구부린다.

2 긴 부분을 엄지손가락으로 눌러주며 그림과 같이 곡선을 만든다.

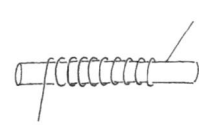

3 20cm 길이로 자른 와이어를 봉에 감아 나선을 만든다.

4 60cm 길이의 와이어 6개를 모아 나선에 끼워 조여준다.

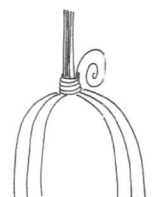

5 모은 6개의 와이어는 차례대로 그림과 같이 구부린다.

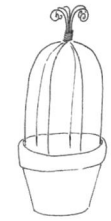

6 완성된 6개의 와이어 픽을 준비된 화분에 새장 모양이 되도록 균형 있게 꽂는다.

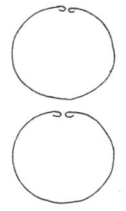

7 화분지름에 맞게 둥근 원을 2개 만들어 끝을 U자로 만든다.

8 준비된 원은 차례로 새장 모양 와이어에 고정한다.

| 19 | # 테라스 가든 픽

page 30

화분 식물에 이야기를 담아보자. 지붕위에 올라간 수탉이 보는 풍경은 어떨지 궁금하다.

준비물 결속선

1 원하는 동물의그림을 그려 본을 뜨듯이 와이어를 꺾거나 구부린다.

2 Terrace garden의 글씨체 그대로 ①과 동일한 방법으로 와이어를 꺾거나 구부린다.
여기서 T 부분의 왼쪽 위는 고리를 만들어 두고, Terrace의 e 부분도 길게 남겨둔다.
garden 의 d 부분은 윗부분을 고리로 만들어 Terrace 부분에 걸쳐 고정한다.

3 30cm 길이의 와이어로 스모양을 만들어 T와 e 부분에 고정한다. 스의 꼭짓점과 닭의 아래쪽을 U자 고정시킨다.

4 45cm 길이의 와이어 3개를 꼬아주어 화분 지지대를 만든다.

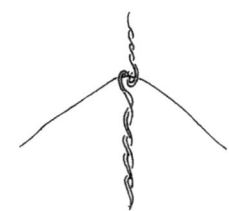

5 화분 지지대 끝부분은 꼭짓점에 고정한다.

20 새 모양 가든 픽 1

page 31

한 번의 붓질로 완성한 것 같은 새 모양의 가든픽이다. 새의 주둥이를 작은 원으로 만들어 잎을 꽂을 수 있다. 날개 부분은 명함꽂이로 활용하거나 화분에 꽂아 식물명, 물주는 법 등을 적어놓아도 좋다.

준비물 결속선(45cm), 원목큐브

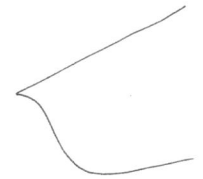

1 45cm 길이의 결속선을 준비해 10cm 되는 곳에서 꺾어 그림과 같은 모양을 만든다.

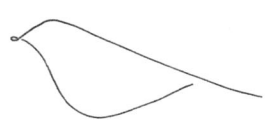

2 새의 주둥이 부분은 한번 꼬아서 작은 원을 만들고 새의 머리 부분을 자연스럽게 만든다.

3 날개는 그림과 같이 세 개의 깃털 모양으로 꼬아준다.

4 나머지 부분으로 꼬리를 라운드로 돌려 만나는 부분에서 감아주고 나머지는 아래로 내린다. 맨 처음 배 부분을 만들고 남은 부분은 꼬리가 되어 살짝 밑으로 감아준다.

21 새 모양 가든 픽 2

page 31

새의 배 부분에서 둥글게 와이어를 감아준 가든 픽이다. 새 모양 도안을 이용하면 쉽고 빠르게 만들 수 있다.

준비물 결속선

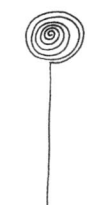

1 45cm 길이의 와이어를 준비한다. 15cm를 감아 원을 만든다.

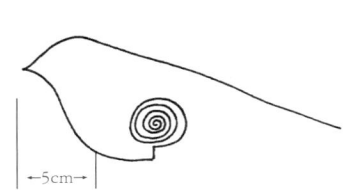

2 원 바로 밑에서 90도로 꺾어 5cm 되는 곳에서 부리를 만들고 새의 배와 머리도 만든다.

3 은 와이어로 그림과 같이 꼬리를 만들고 원의 아래에 걸어준 후 90도로 꺾어 내린다.

22 나비 모양 가든 픽

page 32

미니 가드닝의 소품은 이야기를 풀어내는 역할을 한다. 와이어로 만든 다양한 소품으로 정원에 이야기꽃을 피워보자.

준비물 결속선

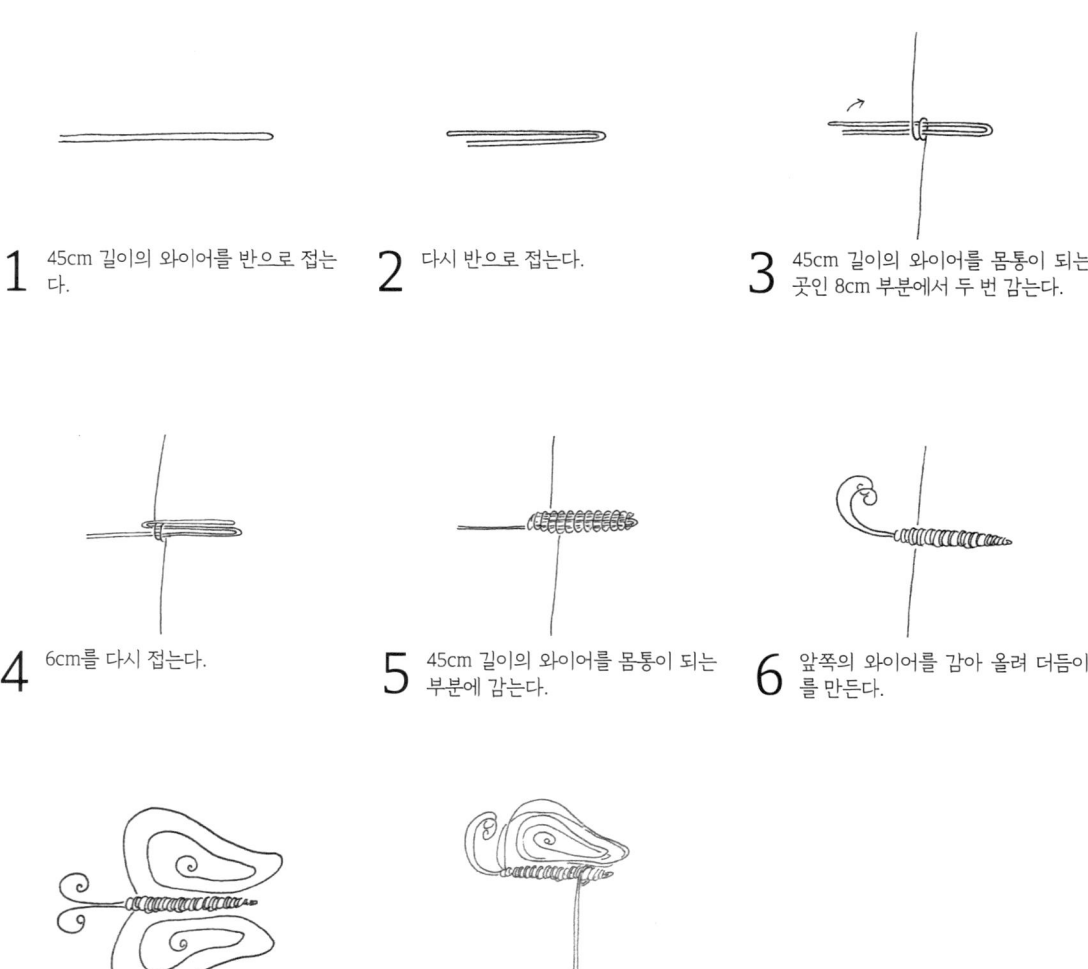

1 45cm 길이의 와이어를 반으로 접는다.

2 다시 반으로 접는다.

3 45cm 길이의 와이어를 몸통이 되는 곳인 8cm 부분에서 두 번 감는다.

4 6cm를 다시 접는다.

5 45cm 길이의 와이어를 몸통이 되는 부분에 감는다.

6 앞쪽의 와이어를 감아 올려 더듬이를 만든다.

7 양쪽으로 나누어 놓은 와이어는 나비 날개 모양으로 구부린다.

8 45cm 길이의 와이어를 반으로 접어 주고 꼬리 부분에 걸어 고정해 픽을 만든다.

25 큐브 와이어 캔들 리스

page 36

육각형으로 만든 와이어에 다육식물 이끼 볼을 넣어 만든 테이블 리스. 조그만 다육식물 잎을 떼어내 와이어에 끼워 포인트를 준다.

준비물 결속선, 양초, 이끼, 실, 배양토

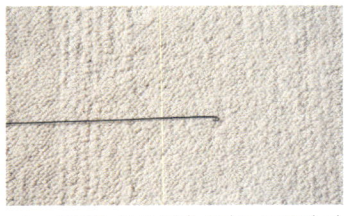

1 고정을 위해 끝을 U자로 구부린 와이어를 준비한다.

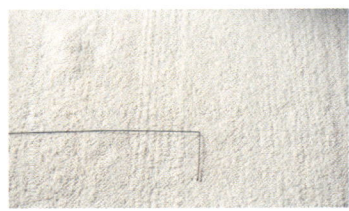

2 U자로 구부린 곳부터 6cm 되는 곳을 90도로 꺾는다.

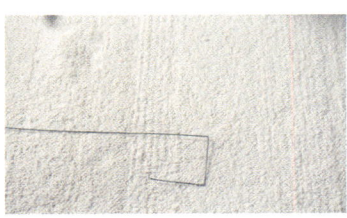

3 다시 6cm 되는 곳을 90도로 꺾는다.

4 꺾어진 곳에서 다시 12cm 되는 곳을 90도로 꺾는다.

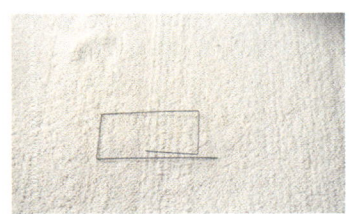

5 꺾어진 곳에서 6cm되는 곳을 90도 꺾는다.

6 다시 6cm 되는 곳에서 90도로 꺾고 처음 U자로 구부린 와이어를 걸어 고정한다.

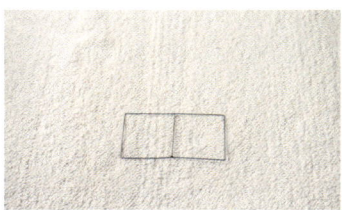

7 남은 와이어에서 6.3cm 길이로 자른 부분의 끝을 U자 고정한다. 가로 12cm 세로 6cm의 직사각 모양이 완성된다.

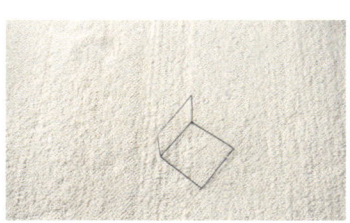

8 가운데를 90도로 꺾어 ㄱ자 모양을 만든다.

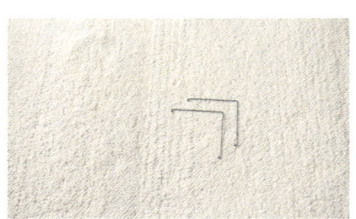

9 한쪽 끝을 U자로 구부린 후 6cm 부분에서 90도로 꺾는다. 나머지 끝부분은 6.3cm 길이로 잘라 끝을 U자로 구부린다. 2개를 준비한다.

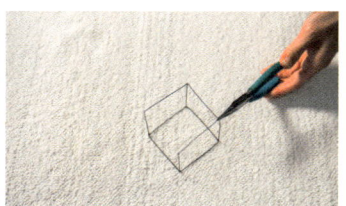

10 2개의 ㄱ자 모양의 와이어는 8의 와이어에 걸어 고정한다.

11 마지막으로 양쪽을 U자로 구부린 6cm 길이의 와이어를 준비한다.

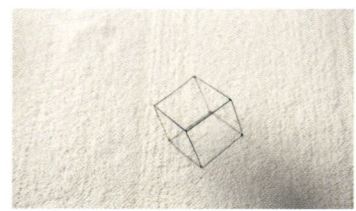

12 나머지 한 곳을 이어 와이어 큐브를 완성한다.

| 29 | # 꽃 걸이

page 41

자연주의 감각이 물씬 풍기는 꽃 걸이이다. 새 모양 와이어로 포인트를 준다.
3mm의 두꺼운 알루미늄 와이어를 사용해야 변형이 없다. 새 모양 장식은
1.5mm 검은색 알루미늄 와이어를 사용한다.

준비물 알루미늄 와이어 블랙(3mm, 1.5mm)

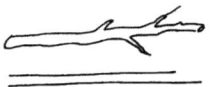 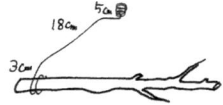 

1 40cm, 45cm 길이의 알루미늄 와이어(두께 3mm)와 47cm 정도의 나뭇가지를 준비한다.

2 40cm 길의 와이어를 나뭇가지 끝에서 5cm 안쪽으로 10cm정도를 감아-준다. 옷걸이의 한쪽 모양이 나오도록 철사를 구부려 주는데 여기서는 3cm, 18cm, 5cm 간격으로 철사를 구부렸다. 그리고 끝부분을 나선형으로 돌려준다.

3 45cm의 와이어로 2와 같은 방법으로 옷걸이 모양을 만들고 나선으로 꼬인 철사 안으로 통과시켜 물음표 모양을 만든다.

4 옷걸이 모양이 잘 만들어 졌는지 확인하고 나선을 힘 있게 돌려 고정한다.

5 1.5mm 굵기의 알루미늄 와이어로 새 모양을 만든다. 20cm되는 부분에서 V자로 꺾어 새의 주둥이 모양을 만든다. 20cm 윗부분은 새의 머리 부분과 등 부분을 그림과 같이 만들어 주고 주둥이 아래쪽은 그림과 같이 반원을 그리듯 구부려 배를 만든다. 나머지 부분으로 새의 꼬리부분을 만들어 주고 남는 부분은 잘라낸다.

6 1.5mm 굵기의 와이어 10cm를 새의 배 부분에 두 번 정도 감아주고 아래로 내려 나뭇가지에 감아 고정한다.

30 드라이플라워 리스 & 새장

page 42

드라이한 시계초 덩굴을 이용해 리스를 만들고 와이어로 만든 새장을 걸어준다. 말린 라벤더를 비스듬히 걸어주면 가드닝 느낌이 살짝 묻어난다. 새장은 가는 결속선으로 가볍게 만든다.

준비물 결속선

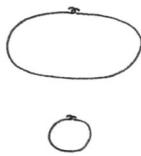

1 원지름 7cm(새장 바닥)의 원을 만들고 양끝을 U자 고정한다. 원지름 2cm(새장 윗부분)의 원을 만들고 양끝을 U자 고정한다.

2 13cm 길이의 와이어를 8개 준비한다. 5cm 길이의 와이어를 1개 준비한다. 13cm 길이의 와이어 7개는 그림과 같이 곡선 모양을 만든다. 나머지 13cm 길이의 와이어 1개는 반으로 구부려 새장의 문을 만든다. 5cm 길이의 와이어 1개는 곡선을 만들어 둔다.

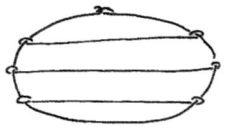

3 새장 바닥 부분 원에 가로로 넣을 7.5cm 길이의 와이어 1개와 6.5cm 길이의 와이어 2개를 만든다. 1에 만들어 놓은 새장 바닥이 될 원에 준비된 3개의 와이어를 U자 고정한다.

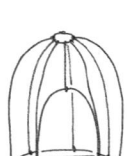

4 새장 바닥이 되는 원에 문으로 만들어 놓은 와이어를 U자 고정하고 나머지 7개의 와이어는 새장 바닥 부분 원과 2cm의 원에 각각 U자 고정한다. 5cm 길이의 곡선 와이어 1개는 새장 윗부분과 문 가운데 부분을 U자로 고정해 이어준다.

5 2.5cm 길이의 와이어와 13cm길이의 와이어를 준비한다. 새장 윗부분 원 가운데에 2.5cm 길이의 와이어를 U자 고정한다. 13cm 길이의 와이어는 원하는 모양을 잡아 구부려 새장에 U자 고정하고 리스에 걸어준다.

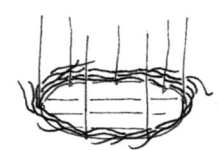

6 완성된 새장의 바닥 부분은 잘 구부러지는 곱슬버들을 이용해 엮어준다.

7 잘 말아서 드라이 된 시계초 넝쿨에 완성된 새장을 건다.

31 틸란시아 볼 모빌

page 43

공중식물인 틸란시아를 장식하기 위해 제작한 와이어 볼이다. 와이어로 둥글게 모양을 내고 아래쪽은 나비 모양 장식으로 멋을 낸다.

준비물 결속선, 나뭇가지, 낚싯줄

1 24cm 길이의 결속선 9개를 한 번에 잡고 12cm 되는 부분에서 펜치를 이용해 90도로 꺾는다.

2 90도로 꺾은 와이어를 손으로 눌러가며 반원 모양으로 만들고 반원 끝은 U자로 구부린다.

3 3cm 길이로 자른 와이어 양끝을 U자로 구부려 주고 원을 만들어 서로 걸어 고정한다.

4 3번의 원에 9개의 반원을 차례대로 걸어 고정한다. 원 모양이 잘 나올 수 있도록 균일하게 모양을 잡아준다. 맨 위에 9개의 와이어를 모은 원에는 2cm 길이의 와이어 양 끝을 U자로 구부려 가운데에 고정한다.

5 9개의 반원을 원 모양이 나오도록 모이는 부분을 잡고 모양을 잡아준다. 30cm 길이로 자른 와이어로 나선을 만들고 반원이 모이는 부분을 고정한다.

6 원 밑으로 길게 내려온 9개의 와이어는 끝을 잡고 그림과 같이 말아서 모양을 내준다.

 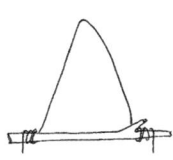

7 42cm 길이의 와이어와 25cm 길이의 와이어 한쪽 끝을 U자로 구부리고 원 안 중심에 가로놓인 와이어에 걸어준다. 반대쪽 부분은 나뭇가지에 2번 정도 감는다.

8 나뭇가지에 달린 틸란시아 볼이 균형이 잘 맞도록 놓고 42cm 길이의 와이어를 반으로 접어 양 끝을 나뭇가지에 걸어준다.

32 행잉 미니 바스켓

page 44

바구니 모양으로 와이어를 만들어 드라이가 되거나 다듬고 남은 꽃을 넣어 장식한다. 가는 결속선을 이용하면 작은 모양을 만들 때 수월하다.

준비물 결속선, 시약병

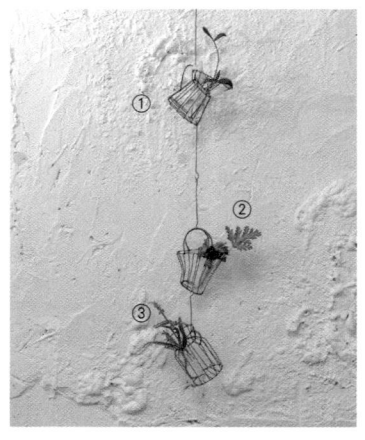

바스켓 ①

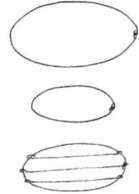

1 22cm(화기입구), 12cm(화기중간부분), 20cm(화기바닥) 길이로 각각 자른 와이어로 둥근 타원을 만들고 U자 고정한다. 7.5cm 길이의 와이어 1개, 6.5cm 길이의 와이어 2개를 화기바닥 부분의 타원에 고정한다.

2 6cm 길이의 와이어 12개를 준비한다. 화기 중간부분과 화기 바닥 부분에 순서대로 U자 고정한다.

3 4.5cm 길이의 와이어로 화기 입구와 화기 중간에 U자 고정한다. (화기 앞쪽)2.5cm 길이의 와이어로 화기의 입구와 화기 중간에 U자 고정한다. (화기 뒷쪽) 나머지 10개의 와이어는 기울기에 맞게 U자 고정할 양쪽 0.3cm의 여유분을 계산해 잘라주고 순서대로 U자 고정한다.

4 16cm 길이의 와이어를 반으로 접고, 똑같은 길이의 와이어를 하나 더 준비해 나선을 만들어 끼워준다. 그림과 같이 손잡이 부분을 만들고 위쪽 끝부분은 U자로 구부린다.

5 화기 입구 뒤쪽에 손잡이를 U자 고정하고 손잡이의 아래쪽은 기둥에 걸어 고정한다.

바스켓 ②

1. 24cm 길이의 와이어(화기입구)로 타원을 만들고 U자 고정한다.

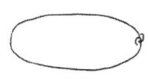

2. 12.5cm 길이의 와이어(화기바닥)로 타원을 만들어 U자 고정한다.

3. 화기 바닥은 5cm 길이의 와이어 1개, 4cm 길이의 와이어 2개를 가로로 이어 고정한다.

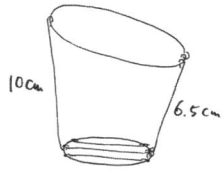

4. 10cm 길이의 와이어로 화기 입구와 바닥 부분에 고정한다.(화기 앞부분) 6.5cm 길이의 와이어로 화기 입구와 바닥 부분에 고정한다.(화기 뒷부분)

5. U자 고정할 0.3cm 길이의 여유분을 계산해 자른 10개의 와이어를 순서대로 고정한다.

6. 26cm 길이의 와이어 2개를 준비하고 반으로 접어 손잡이를 만든다. 양쪽에 U자 고정한다.

바스켓 ③

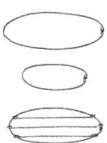

1. 20cm 길이의 와이어(화기 입구, 바닥) 2개, 12.5cm 길이의 와이어(화기중간) 1개를 준비해 타원을 만들어 U자 고정한다. 화기 바닥 부분은 7.5cm 길이의 와이어 1개, 6.5cm의 와이어 2개를 준비해 가로로 이어 U자 고정한다.

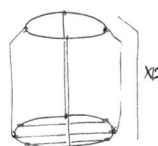

2. 8.5cm 길이의 와이어 12개는 그림과 같이 2cm 정도에서 45도로 꺾고 화기의 중간 부분과 바닥 부분에 U자 고정한다.

3. 3cm 길이의 와이어 12개를 준비하고 화기의 입구와 중간 부분의 타원에 U자 고정한다.

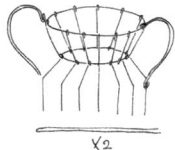

4. 14cm 길이의 와이어 2개를 준비하고 반으로 접는다. 그림과 같이 손잡이 모양으로 구부리고 윗부분은 U자로 구부려 화기 입구에 걸어 고정한다. 손잡이 밑 부분은 화기의 기둥에 걸어 고정한다.

33 새들이 노래하는 플라워 모빌

page 45

쉽고 간단하게 만들 수 있는 와이어 모빌은 집안에 재미있는 분위기를 선사한다. 미니 시약병에 와이어를 감아 곱슬버들 틀에 걸고 꽃을 꽂는다. 둥근 틀은 쉽게 구부려지는 곱슬버들을 이용해 제작한다.

준비물 결속선, 시약병

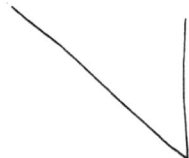

1 45cm 길이의 와이어를 15cm 부분에서 V자로 꺾어준다. 15cm 끝 부분이 모빌에 걸릴 부분이고 나머지로 새 모양을 만든다.

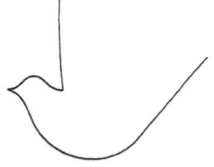

2 V자로 꺾은 부분에서 3.5cm 길이로 그림과 같이 만들고 부리에서 펜치로 꺾는다. 부리에서 9cm 길이로 볼록하게 반원을 그리듯 구부린다.

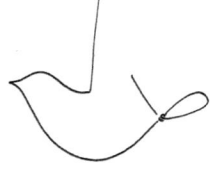

3 9cm의 끝에서 6cm 길이로 그림과 같이 타원으로 만들고 9cm 정도에서 두 번 감는다.

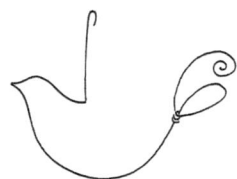

4 나머지 와이어는 꼬리 부분 방향으로 살짝 감는다. 모빌에 걸어줄 15cm 부분은 나뭇가지에 걸 수 있도록 구부린다.

5 시약병 입구에 와이어를 감아 U자로 고정하고 고리가 될 부분을 남겨두고 자른다. 90도로 꺾어 올린 부분은 U자로 구부리고 새의 등 부분에 걸어준다.

34 호박가든 웰컴 보드

page 46

나무판에 하얀 페인트를 칠하고 스텐실을 이용해 글자를 새겨준다. 한쪽으로 치우쳐서 호박 모양의 와이어 화기를 달아준다.

준비물 결속선, 시약병, 나무판, 스텐실 도구, 페인트

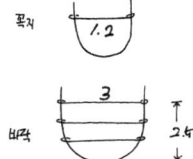

1 9cm 길이의 와이어로 지름 3cm의 반원을 만들고, 바닥을 가로로 이어줄 와이어를 3개 준비해 U자로 고정한다. 5cm 길이의 와이어로 지름 1.2cm의 반원을 만든다.

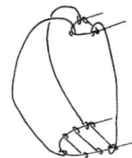

2 10cm 길이의 와이어 8개를 준비하고 높이 6cm가 되도록 그림과 같이 1.2cm의 반원과 3cm의 반원에 호박 모양이 나오도록 구부려 U자로 고정한다.

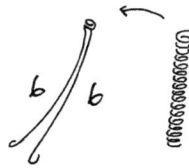

3 14cm 길이의 와이어로 꼭지 모양을 그림과 같이 만들고 30cm 길이의 와이어로 나선을 만들어 꼭지 부분에 끼워준다.

4 반지름 1.2cm 부분에 꼭지를 U자 고정한다.

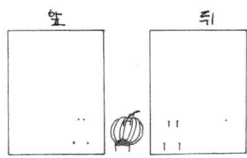

5 나무판에는 와이어가 들어가도록 얇은 못으로 구멍을 뚫어준다. 와이어 화기의 위쪽과 아래쪽에 남겨진 1.5cm 정도 길이의 와이어를 나무판에 꽂고 뒷부분에서 밑으로 내려 고정한다.

35 빈티지 식물 장식 나무판

page 47

거친 질감의 나무판에 작은 바스켓을 여러 개 걸어보자. 틸란시아, 다육식물 등을 담아주면 멋진 벽장식이 완성된다. 핸드메이드의 느낌을 살리기 위해 선이나 원을 구불구불한 느낌 그대로 살려 만든다.

준비물 공예용 와이어 실버(1mm), 나뭇가지, 나무판

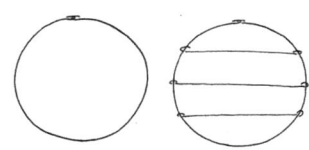 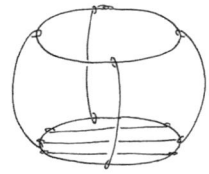 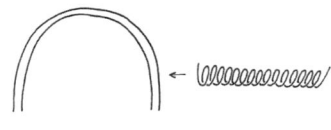

1 15cm 길이의 와이어로 지름 5cm의 원 2개를 만든다. 가든 소품 바스켓은 핸드메이드의 느낌을 더 살리기 위해 원을 손으로 구부려 가며 만든다. 바닥이 되는 원에는 사이즈에 맞게 와이어 3개를 가로로 이어 U자 고정한다.

2 6cm 길이의 와이어 12개를 준비하고 바스켓 입구 원과 바닥 원에 차례로 U자 고정한다.

3 10cm 길이의 와이어 2개로 반원을 만들고 15cm 길이의 와이어로 나선을 만들어 걸이의 손잡이를 만든다.

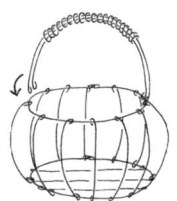

4 걸이 부분은 양끝을 U자로 만들어 입구 부분에 걸어 고정한다.

36 날개를 달아준 초록빛 와이어 화기 *page* 48

굵기가 얇은 결속선은 작고 투명한 유리병과 잘 어울린다.

준비물 결속선, 유리 시험관(지름 3cm, 높이 19.5cm 기준)

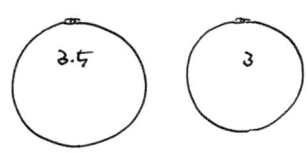

1 지름 3.5cm(화기 입구), 3cm(화기 바닥)의 원을 만든다.

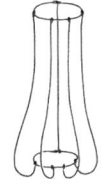

2 18cm 길이의 와이어 1개를 준비한다. 양끝을 U자로 구부려 화기의 입구와 바닥 부분을 이어주고 고정한다. 22cm 길이의 와이어 4개는 그림과 같이 곡선을 만들고 순서대로 화기의 입구와 바닥을 이어 고정한다.

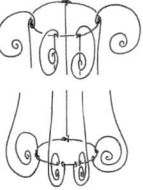

3 8cm 길이의 와이어 8개를 준비하고 그림과 같이 곡선을 만든다. 4개는 입구 부분에 U자 고정하고, 4개는 바닥 부분의 지름에 U자 고정한다.

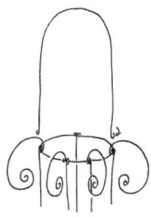

4 27cm 길이의 와이어를 준비하고 비커의 둥근 면을 이용해 손잡이를 동그랗게 말아준 후 양끝을 U자로 구부려 화기 입구에 안에서 밖으로 걸어 고정한다.

40 야옹이 와이어 액자

page 53

드라이가 되는 종이꽃을 와이어에 담아 다양한 색으로 고양이를 꾸며주자.

준비물 결속선, 나무액자, 캔버스

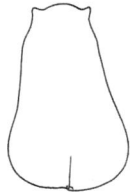

1 와이어로 고양이 모양을 만들고 연결할 부분에서 3cm 정도 더 길게 잘라준다. 길게 잘라준 부분을 아래쪽으로 90도 꺾어주고 U자 고정한다.

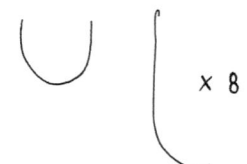

2 와이어를 13cm 길이로 잘라 반원지름 4.5cm가 되도록 구부린다. 고양이 실루엣의 배 부분에 고정할 와이어를 그림처럼 구부린다. 8cm 길이의 와이어 6개, 6cm 길이의 와이어 2개를 준비한다.

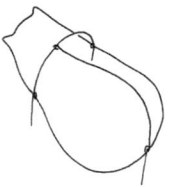

3 2의 반원 와이어는 고양이 모양의 가슴부분에 고정한다. 이때 양끝 3cm를 남겨둔다. 8cm 길이로 자른 세로 선 6개는 고양이 배 부분의 볼록한 모양을 만들어 중앙부터 차례로 U자 고정한다. 6cm 길이로 자른 세로 선 2개는 양끝 부분에 고정한다.

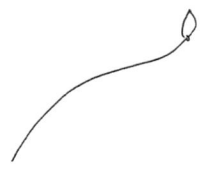

4 12cm 길이의 와이어로 나뭇잎 모양의 꼬리를 만든다.

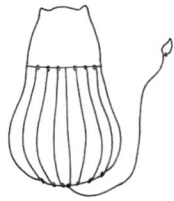

5 꼬리가 될 와이어를 몸통과 연결한다.

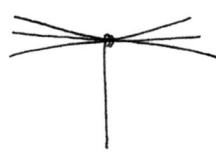

6 고양이 코털이 될 4.5cm 길이의 와이어 3개를 준비하고 가운데 부분은 4cm 길이의 와이어로 돌려 고정한다.

7 완성된 고양이 실루엣을 액자에 꽂아 고정한다. 액자 뒷부분은 와이어를 90도로 꺾어 밑으로 내려준다.

41 와이어 꽃다발

page 54

포장지 같은 곡선과 풍성함이 그대로 전해지는 와이어 꽃다발에 꽃 한 송이 꽂아보자.

준비물 결속선, 캔버스

직사각형으로 꽃다발 만들기

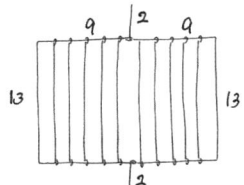

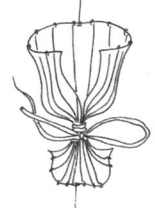

1 캔버스에 꽂아 고정시킬 부분을 만들어야 하기 때문에 ㄷ자 모양으로 와이어를 2개 만들어 연결해 직사각형을 만든다. 만들어진 직사각형에 13.6cm 길이의 와이어 10개를 직선으로 U자 고정한다.

2 직사각형 와이어를 꽃다발 모양으로 모아주고 곱슬버들로 감아준다. 시약병을 넣을 수 있도록 윗부분의 와이어는 손으로 눌러 평평하게 모양을 잡아준다.

마름모꼴로 꽃다발 만들기

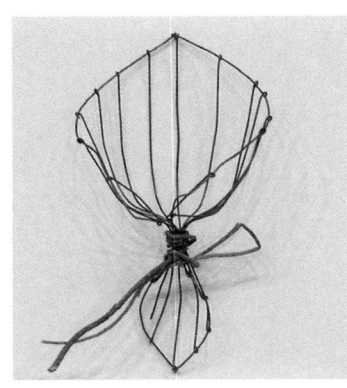

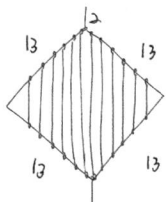

1 캔버스에 꽂아 고정시킬 부분을 만들어야 하기 때문에 ㄱ자 모양으로 와이어를 2개 만들어 연결해 가로 세로 13cm 길이의 정사각형을 만든다. 마름모꼴로 놓고 12개의 와이어를 이어주는데 U자 고정할 것이므로 위아래 0.3cm씩의 여유를 두고 길이를 계산한다.

2 와이어를 꽃다발 모양으로 모아주고 곱슬버들로 감아준다.

46 와이어 플라워

준비물 결속선, 나무 조각, 유리병

page 62

1 45cm의 와이어 끝을 U자로 구부리고 지름 1cm의 원을 만들어 90도 각도로 꺾는다. 꺾어준 곳을 U자 고정한다.

2 10cm 길이의 와이어 5개를 이용해 그림과 같이 꽃잎을 5장 만들고 1cm 지름의 원에 U자 고정한다. 꽃 모양이 나올 수 있도록 손으로 모양을 잡는다.

3 꽃모양을 만든 다음 13cm 아래쪽에서 와이어를 한 번 꼬아서 나뭇잎 모양을 만든다.

4 같은 방법으로 3의 나뭇잎 아래쪽 4cm 되는 곳에서 와이어를 꼬아서 나뭇잎 모양을 만든다. 나머지 와이어는 밑으로 내려준다.

| 47 | ## 플라워 미니 홀더 | *page* 63 |

꽃을 고정할 수 있는 와이어 홀더는 소품에 포인트를 주고자 할 때 유용하다.

준비물 결속선, 정사각 화기, 캔들

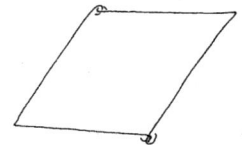 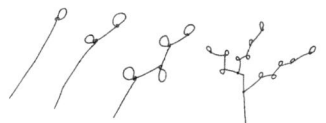 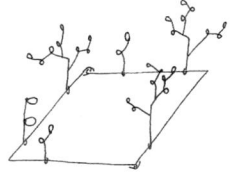

1 가로, 세로 15cm의 화기에 맞게 와이어로 정사각형을 만든다. 긴 와이어가 없을 때는 와이어를 ㄴ자로 만들어 이어준다.

2 와이어 1개로 나뭇가지를 만든다. 와이어 끝을 그림과 같이 직경 1cm의 타원을 만들어 U자로 고정하고 약 1.5cm 간격으로 좌우에 타원을 만들어가며 한번 씩 꼬아준다. 이렇게 만든 나뭇가지를 이어주면 다양한 형태의 나무를 만들 수 있다.

3 만들어진 나무를 사각형 와이어에 U자 고정한다.

4 와이어로 만든 나뭇가지가 식물을 고정할 수 있도록 몇 군데를 가로로 꺾는다.

49 가든 테라스

page 65

작은 나뭇가지를 와이어로 감아 야외용 의자와 테이블을 만들고 벽을 타고 피어나는 노란 꽃을 작은 유리병에 꽂는다.

준비물 결속선, 나무판

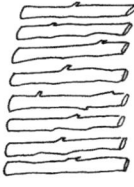

1 지름 1cm 길이 8cm 정도의 나뭇가지 7개를 준비한다.

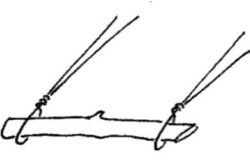

2 42cm 길이의 와이어를 반으로 접고 나뭇가지 양끝에서 안쪽으로 0.5cm 들어온 곳에 걸고 두 번 감아준다.

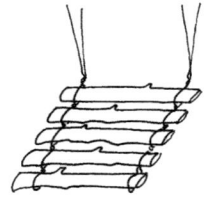

3 나뭇가지 4개를 추가하여 순서대로 넣고 감아준다. 남은 와이어는 90도로 꺾는다.

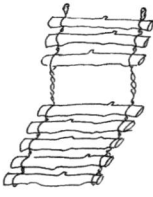

4 등받이 부분은 꺾은 부분에서 3cm 정도 꼬아 올린 후 ②의 순서와 같이 나뭇가지를 넣고 감아준다. 나뭇가지 3개를 모두 감고 난 와이어는 1cm 정도 위로 감아 놓고 잘라낸다.

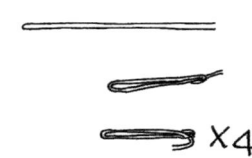

5 42cm 길이의 와이어를 반으로 접고 다시 반으로 접어 10cm 정도 길이로 4개 만든다.

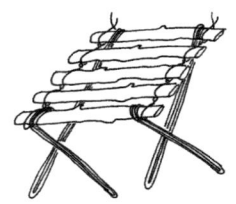

6 한쪽 끝을 U자로 구부리고 나뭇가지에 걸어 X자로 겹쳐 고정한다.

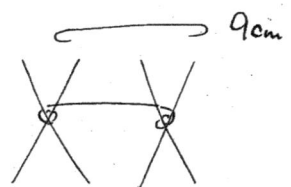

7 9cm 길이의 와이어로 X자 두 곳을 이어 U자 고정한다.

50 아기자기 미니주방

page 66

작은 화분 식물을 위한 사각 컨테이너로 나뭇가지 단면에 식물 이름을 적을 수 있다.

준비물 결속선, 에나멜선(0.35mm)

거품기 1

1 45cm 길이의 와이어로 나선을 만든다.

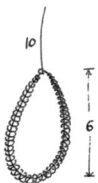

2 25cm 길이의 와이어를 10cm 남기고 타원을 만든다. ①에서 만든 나선을 넣고 U자 고정한다.

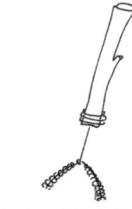

3 손잡이 나뭇가지에 와이어를 5cm 감아 고정한다.

거품기 2

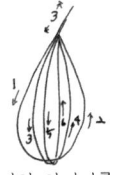

1 42cm 길이의 와이어를 3cm 남기고 5cm 길이의 물방울 모양을 3개 겹쳐 만든다.

2 15cm 길이의 와이어 끝 5cm 되는 곳에서 U자로 구부린다. 3개의 겹쳐진 물방울 모양의 와이어 끝에 걸어 꼬아준다.

3 손잡이 나뭇가지에 와이어를 5cm 감아 고정한다.

채망

1 18cm 길이의 와이어로 가로 5cm, 세로 6.5cm의 타원 2개를 만든다.

2 4cm 길이의 와이어 4개로 두 타원을 U자 고정한다.

3 9cm 길이의 와이어로 3cm씩 90도로 꺾어 ㄷ자 모양을 만들고 양 끝을 U자로 구부리고 위쪽 타원에 고정해 손잡이를 만든다. 16cm 길이의 와이어를 반으로 구부린 다음 고정해 채망 걸이를 만든다.

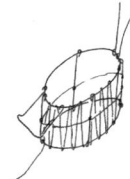

4 타원의 입구와 바닥 사이에 기둥을 잇는 가로 지지대 4개를 U자 고정한다. 에나멜선을 이용해 채망의 바닥과 둘레의 면을 지그재그로 이어가며 메워준다

52 꽃사슴 화기

page 69

와이어로 꽃사슴을 만들어 화기를 꾸며주면 금세 크리스마스 분위기가 난다. 붉은 열매와 편백나무 잎, 부르니아 등으로 꽃사슴을 꾸민다.

준비물 공예용 와이어 블랙(2.5mm), 화분(지름 10cm, 높이 11cm 기준)

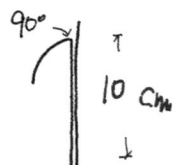

1 두께 2.5mm의 공예용 와이어를 이용하여 사슴의 뒷다리 왼쪽부터 만들어 나간다. 높이 11cm, 지름 10cm의 화기를 기준으로 했을 때, 시작점에서 밑으로 11.5cm 되는 곳에서 꺾어 올린 다음 10cm 되는 곳에서 화기 쪽으로 90도 꺾는다.

2 화기의 원둘레를 4등분 한 정도의 위치까지 곡선을 만든 다음 왼쪽 앞다리를 만들 수 있게 90도로 꺾어 밑으로 내린다. 10cm 길이 되는 곳에서 다시 꺾어 올라가 그림과 같이 사슴이미지를 와이어로 만든다. 같은 방법으로 오른쪽 앞다리와 오른쪽 뒷다리도 만든다.

3 오른쪽 뒷다리 10cm에서 90도로 꺾어 첫 시작점의 와이어와 U자 고정한다.

4 7.5cm 길이의 와이어를 준비하고 양쪽을 U자로 만든 다음 사슴의 오른쪽과 왼쪽 다리 부분을 이어 U자 고정한다.

56 열매로 꾸민 전등갓

page 74

조명의 빛이 뜨거우므로 와이어로 전등갓을 만들 때 주의해야 한다.

준비물 결속선, 전구, 소켓 (지름 4.5cm)

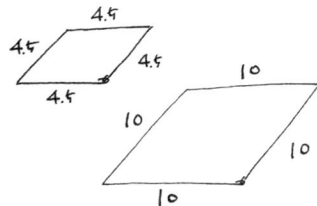 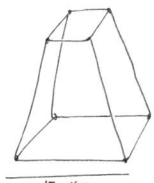 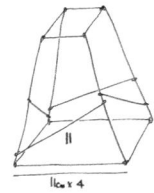

1 가로 세로 4.5cm 길이의 정사각형 (위쪽), 가로 세로 10cm 길이의 정사각형(아래쪽)을 만든다.

2 위쪽 정사각형과 아래쪽 정사각형의 네 모서리를 15cm 길이의 와이어로 U자 고정한다.

3 11cm 길이의 와이어 4개를 준비해 사선으로 U자 고정한다.

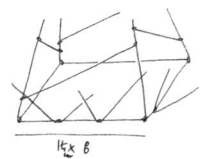

4 15cm 길이의 와이어 6개를 이용해 나뭇가지를 걸 수 있도록 아래쪽 정사각형에 V자 모양이 되도록 두 번 꼬아준다.

| 57 | ## 수국으로 꾸민 전등갓

page 75

얇은 와이어로 만든 전등갓과 볼륨 있는 수국이 만들어 내는 빛이 은은하게 번진다.

준비물 결속선, 전구, 소켓

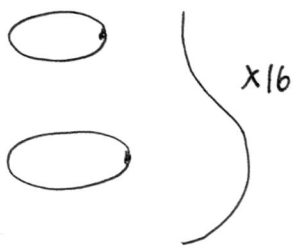
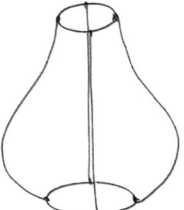

1 지름 4.6cm의 와이어와 지름 9cm의 원을 만들고 19cm 길이의 와이어 16개를 그림과 같이 곡선으로 만든다.

2 1에서 만든 두 원을 준비된 9cm 길이의 와이어로 U자 고정한다. 균등한 간격으로 와이어를 고정하려면 우선 와이어 4개를 비율에 맞게 4등분해서 고정한 다음 나머지 와이어를 고정한다.

| 58 | ## 와이어 목걸이

page 76

준비물 알루미늄 와이어(2.5mm)

1 2.5mm 굵기의 알루미늄 와이어를 60cm 길이로 잘라 준비한다.

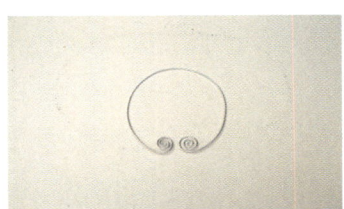

2 둥글게 만들고 와이어 양끝은 나선 모양으로 만든다.

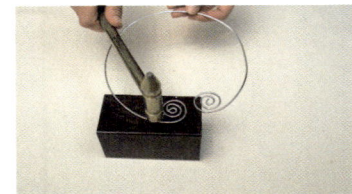

3 와이어의 질감에 변화를 주기 위해서 망치로 두드린다.

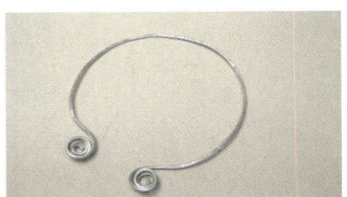

4 동그란 와이어에 면이 만들어진다.

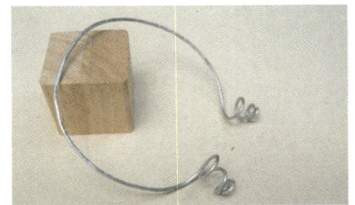

5 양끝의 나선 모양 와이어를 90도로 꺾고 나선이 시작되는 부분을 밑으로 당긴다.

6 스팸티슈에 물을 적셔 잎으로 둥글게 말아 꽃받침을 준비하고 간단하게 꽃을 꽂는다.

7 다양한 식물들을 와이어 원뿔에 넣어준다.

| 59 | ## 그림자 화기

page 77

와이어는 평범한 화기를 특별하게 만들어준다.

준비물 공예용 와이어(3mm), 스텐 화기

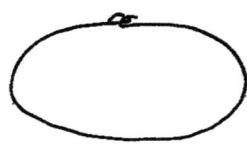

1 지름 9cm의 원을 만든다.

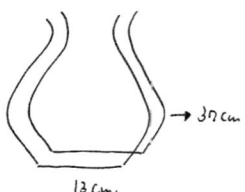

2 87cm 길이의 와이어로 그림과 같이 곡선을 만들고 꺾어준다. 13cm가 바닥이 되고 양 37cm 부분은 그림과 같이 화병 모양이 된다. 같은 방법으로 1개 더 만든다.

3 2의 와이어 끝을 U자로 구부리고 1의 원에 고정한다. 원에 고정할 때는 두 와이어가 최대한 가깝게 고정한다.

4 밑으로 내려갈수록 벌어지는 모양이 되도록 18cm 길이의 와이어를 바닥에서 높이 8cm 정도 되는 곳에서 두 와이어에 U자 고정한다.

60 리본 모양 꽃 지지대

page 78

와이어를 이용하면 쉽게 꽃을 지지할 수 있다. 공예용 와이어로 만든 리본 모양에 꽃을 고정해주면 나비가 되어 날아갈 듯하다.

준비물 공예용 와이어 블랙(2.5mm), 에나멜선(0.35mm), 결속선, 접시

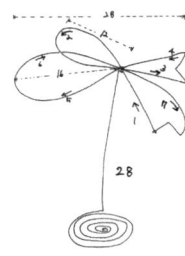

1 두께 2.5mm의 공예용 와이어를 그림의 순서대로 리본 모양으로 만든다.
80cm 길이의 와이어로 리본의 중심을 감아 고정하고 아래쪽으로 28cm를 내려와 끝에서 나선을 만든다.

2 0.35mm 굵기의 에나멜선으로 망을 엮어 리본 부분을 완성한다.

디자인 모아보기

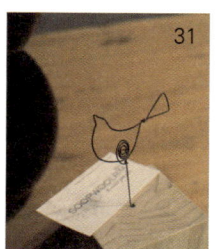

디자인 모아보기

디자인 모아보기